Kleines Rätselbuch für Kinder

– 538 Rätsel –
zusammengestellt und
bearbeitet
von
Olaf R. Spittel

Der Kinderbuchverlag Berlin

Illustrationen von Rolf F. Müller

Vertonungen von Wolfgang Riemer

ISBN 3-358-01421-5

1. Broschurausgabe 1988

Lizenz-Nr. 304-270/641/88
Satz und Repro: Karl-Marx-Werk Pößneck V 15/30
Druck und buchbinderische Verarbeitung:
(52) Nationales Druckhaus, Berlin · Betrieb der VOB National
LSV 7891
Für Leser von 10 Jahren an
Bestell-Nr. 633 703 9
00560

Was sind Rätsel, und woher kommen sie?

Ein Rätsel ist ein merkwürdiges Ding. Da stellt dir jemand eine Frage, gibt sich aber alle Mühe, dir die Antwort nicht zu leicht zu machen – denn die Lösung des Rätsels kennt derjenige schon, er will nur deinen Scharfsinn prüfen. Zu diesem Zweck nennt die Rätselfrage zwar einige Merkmale des gesuchten Gegenstandes, doch nie auf direktem Wege. Das Rätsel umschreibt nur, bringt bildhafte Vergleiche und will dich so zunächst auf eine falsche Fährte locken. Man muß also schon einiges Gespür besitzen, um hinter den wenigen Andeutungen das Gesuchte zu entdecken. Aber man muß auch Spaß verstehen. Viele Rätsel sind Scherzfragen, und ihre Lösungen sind nicht so ernst gemeint, wie die Fragen klingen. Nur Humor hilft hier beim Raten.

Auf Anhieb wird wohl niemand alle Rätsel dieses Buches lösen können. Aber es kann ebensoviel Vergnügen bereiten, herauszufinden, wie weit man danebengeraten hat. Rätsel sind nämlich oftmals kleine Kunstwerke der Verschlüsselung. Mich hat immer wieder verblüfft, wie einfallsreich und poetisch in ihrer Sprache Rätsel sein können. Oft zeigt auch erst ein Rätsel, welche erstaunlichen und widersprüchlichen Eigenschaften so in einem gesuchten Gegenstand stecken.

Rätsel sind so alt wie die Menschheit. Schon immer und überall haben Menschen Rätsel erfunden und anderen zum Raten aufgegeben, sei es als geistvolle Unterhaltung oder um Wissen und Findigkeit zu prüfen. Immer hat das Rätselhafte den Menschen interessiert.

Rätsel gehören zum ältesten Kulturgut der Völker. Sie haben einiges mit den Märchen gemeinsam. Auch sie gehen von Mund zu Mund, werden immer wieder umgedichtet, ausgeschmückt, sprachlich verändert. Erst spät wurden die Rätsel aufgeschrieben und gesammelt. Die erste, uns heute bekannte Rätselsammlung wurde um das Jahr 400 vor unserer Zeitrechnung in lateinischer Sprache veröffentlicht, um 1500 schließlich erschien das erste deutschsprachige Rätselbuch in Straßburg. Die einzelnen Rätsel sind noch viel älter.

Eine erste Blütezeit erlebte die Rätselkunst im klassischen griechischen und römischen Altertum. Herodot, der in Griechenland etwa von 484 bis 425 v. u. Z. lebte, berichtet von einem griechischen Volksrätsel, das man sich schon lange vor seinen Lebzeiten erzählte. Einst trafen einige Fischer den weisen Dichter Homer (der 300 Jahre vor Herodot lebte) und sagten zu ihm:

> Was wir gefangen haben, haben wir weggeworfen,
> und was wir nicht gefangen haben, bringen wir nach
> Hause mit.

Homer zerbrach sich den Kopf, was die Fischer wohl meinen könnten, kam aber nicht darauf, daß diese von Läusen sprachen, auf die sie Jagd gemacht hatten. Voller Verzweiflung soll sich der große Dichter daraufhin umgebracht haben – was uns deutlich macht, daß der Wahrheitsgehalt dieses überlieferten Rätsels nicht sehr groß sein dürfte. Doch darauf kommt es auch gar nicht an.

Bei den Festmählern der alten Griechen und auch der Römer sorgte das Rätsel für gesellige Unterhaltung. Im Kreise gelehrter Gäste diente die Kenntnis komplizierter Rätsel als Nachweis einer vorzüglichen Bildung. Reihum wurden Rätselfragen gestellt. Konnte jemand eine Frage nicht beantworten, so hatte das durchaus unangenehme Folgen, denn er mußte entweder einen Krug mit Salzwasser oder einen Becher „ungemischten“ Weines trinken, das heißt, sein Wein wurde nicht, wie üblich, mit Wasser verdünnt. Und da die antiken Becher nicht gerade klein waren, wurde der Betroffene davon betrunken. Deshalb bezeichnete man solche Rätsel auch als Becheraufgaben.

Eines der bekanntesten und durch Jahrtausende hindurch lebendig gebliebenen Rätsel stammt aus dem griechischen Mythos von der Sphinx. Diese Sphinx, ein schreckliches Geschöpf mit Frauenkopf, Löwenkörper, Flügeln und Drachenschwanz, lagerte auf einem Berg vor der Stadt Theben und stellte jedem, der an ihr vorüber wollte, ein Rätsel. Konnte der es nicht beantworten, tötete die Sphinx ihn. König Kreon von Theben hatte bereits einen seiner Söhne durch die Sphinx verloren und versprach dem, der Theben von dem Untier befreien würde, seine Schwester Iokaste zur Frau und die Königskrone dazu. So zog schließlich Ödipus vor den Berg und hörte das Rätsel der Sphinx:

> Des Morgens auf vier, des Mittags auf zwei und des Abends auf drei Beinen.

Wer die Lösung des Rätsels nicht kennt, wird es kaum zu lösen vermögen. Gemeint ist der Mensch, der am Morgen seines Lebens, als Kleinkind also, auf allen vieren krabbelt, des Mittags, als Erwachsener, auf zwei Beinen geht und des Abends, im Alter, einen Stock als „drittes Bein" zum Gehen benutzen muß. Ödipus löste das Rätsel, worauf sich die Sphinx von ihrem Felsen in die Tiefe stürzte.

Das Symbol der Sphinx übrigens übernahmen die Griechen von den Ägyptern, bei denen die Sphinx noch ein Sinnbild der Stärke und Weisheit war und, in Gestalt eines liegenden Löwen mit dem Oberkörper einer Frau, Tempel und Pyramiden zu bewachen hatte. Erst bei den Griechen wurde die Sphinx zum Symbol des Rätselhaften, gepaart mit Stärke und Grausamkeit.

Einem ebenso bekannten Rätselspruch verdankt König Kroisos von Lydien den Untergang seines Reiches. Kroisos beabsichtigte um das Jahr 547 v. u. Z., gegen seinen Nachbarn, den Perserkönig Kyros II., Krieg zu führen. Nach altem Brauch wollte er zuvor den Rat der Götter hören, und er befragte das griechische Orakel von Delphi nach dem Ausgang des Krieges. In der Orakelstätte lebte Pythia als weissagende Priesterin des Gottes Apollo. Sie gab Kroisos die sehr doppeldeutige Antwort:

> Wenn du den Halys (den Grenzfluß) überschreitest,
> wirst du ein großes Reich zerstören.

Kroisos dachte nicht lange nach und deutete den Spruch so, wie er ihn gern hören wollte. Seine Truppen marschierten. Aber er wurde vernichtend geschlagen, und sein eigenes Reich wurde zerstört. Das Orakel hätte in jedem Fall recht behalten, weshalb man diesen Spruch auch nur bedingt zu den Rätseln rechnen kann.

Von dem ältesten römischen Rätseldichter Symposius aus dem 4. Jahrhundert u. Z. sind viele Rätsel überliefert, auch das folgende, in welchem das Meer und die Fische darin sehr treffend charakterisiert werden:

> Es gibt ein Haus, das rauscht im Wind,
> Doch völlig stumm seine Bewohner sind.
> Die beiden können niemals ruhn,
> Haus und Bewohner, wer sind sie nun?

Die Bibel berichtet im „Buch der Könige“ von einem Rätselwettkampf zwischen dem jüdischen König Salomo und der Königin von Saba aus der Zeit des 10. Jahrhunderts v. u. Z. Danach erweist sich Salomo als ein weiser Herrscher, der alle Rätselfragen beantworten kann. Der Talmud, die religiöse Schrift der Juden, sagt uns, mit welchen Rätseln die Königin von Saba prüfen wollte, ob Salomos Klugheit zu Recht überall gerühmt wurde:

Sie sprach: ich lege dir drei Rätsel vor;
Wenn du sie löst, so erkenne ich,
Du bist ein Mann von Weisheit und Verstand:
Wo nicht, so bist du gleich den anderen Menschen.

Ein Brunnen ist's von Holz, darein
Man einen Eiseneimer senket,
Der aus dem Brunnen schöpft einen Stein
Und ihn mit Wasser tränket.

Dieses Rätsel war, wenn man die kosmetischen Utensilien der hebräischen Frauen kannte, nicht allzu schwer. Der Holzbrunnen ist eine Schminkbüchse, aus der man mit einem eisernen Löffel eine aus Mineralien, also aus Steinen, gemischte Substanz herausnimmt, um sie mit Wasser anzurühren.

Auch andere Kulturen kennen Rätsel seit frühester Zeit. In dem persischen Heldenmythos von Sal wird dieser durch die Ratgeber des Schahs Menutschehr einer strengen Prüfung unterzogen, in der der Held Rätsel beantworten muß. Eines davon lautet:

Es stehen zwölf Zypressen im Kreise und grünen im Glanze, dreißig Zweige entsprießen an jeder. Nie wird ihr Aussehen hinfällig und ihre Zahl geringer.

Sal antwortete: Im Jahr sind zwölf Monate, und dreißig Tage hat der Monat. – Dieses Rätsel wurde von dem berühmtesten persischen Dichter Abu'l Kâsim Mansûr (939–1020) in seinem „Königsbuch" aufgeschrieben, worin er Sagen verarbeitet hat, die bereits zu seinen Lebzeiten uralt waren. Wie so häufig wissen wir also nicht, aus welcher Zeit die uns überlieferten Rätsel eigentlich stammen.

Auch die Entstehungszeit der Edda-Texte ist ungewiß. Ihre ältesten Teile stammen vermutlich aus dem 6. Jahrhundert. Der Name „Edda“ kommt aus dem Altisländischen und bedeutet Urgroßmutter. Die Edda-Lieder berichten in altnordischer Sprache vom König Hejdrik, der als ein gerechter Herrscher verehrt wurde. Hejdrik hatte geschworen, niemanden zu verurteilen, ohne zuvor den Richterspruch von zwölf erfahrenen und redlichen Männern gehört zu haben. Dies sollte sogar dann gelten, wenn der Angeklagte sich gegen den König selbst vergangen hatte. Und wenn er imstande sei, dem König ein Rätsel zu nennen, das dieser nicht erraten könne, so sollte der Täter sogar straffrei ausgehen. Hejdrik aber war geübt im Rätselraten, und so vermochte es bisher niemand, sich vor der Strafe zu retten. Eines Tages wurde der blinde Gester, ein reicher und mächtiger Mann, schwerer Verbrechen beschuldigt und vor den König befohlen. Gester, der wohl um seine Schuld wußte, bekam Angst und flehte zu dem Gott Odin, er möge ihn retten. Odin erhörte Gesters Bitten, ging an dessen Statt zum König und erinnerte ihn an sein Versprechen, daß man sich durch ein gutes Rätsel von jeder Strafe befreien könnte. Er begann mit den Worten:

Ich möchte nur haben,
Was gestern ich hatte;
Weißt du, was es ist?
Es löset die Zunge,
Es lähmt die Sprache
Und bringt zum Schweigen.

Ohne Zögern antwortete König Hejdrik:

Reichet dar ihm
Den guten Trank!
Er löset die Zunge,
Aber im Übermaß
Lähmt er die Sprache
Und bringt zum Schweigen.

Der verkleidete Odin versuchte es darauf mit einem schwereren Rätsel:

Von Hause fuhr ich,
Fort zog ich weithin,
Sah dann viele Wege:
Weg war unten,
Weg war oben,
Und Wege auf allen Seiten.
Hejdrik, du König!
Löst du mein Rätsel?

Gut ist dein Rätsel,
Du blinder Gester!
Gefunden ist es:
Der Vogel flog oben,
Der Fisch, der schwamm unten,
Über die Brücke du fuhrst.

Odin stellte Hejdrik insgesamt 16 Rätsel, doch auf alle fand der König die richtige Antwort. Nun geriet Odin in Schwierigkeiten, hatte er sich die Sache doch einfacher vorgestellt. In seiner Not fragte er schließlich:

Was hat Odin seinem Sohn Baldur ins Ohr gesagt,
als dieser zum Scheiterhaufen getragen wurde?

Hejdrik erkannte, daß dies nur Odin selbst wissen konnte und offensichtlich nicht der blinde Gester vor ihm stand. Wütend zog er sein Schwert gegen den verkleideten Odin, doch der verwandelte sich im Augenblick in einen Falken und flog zum Fenster hinaus. Hejdrik traf nur noch die Schwanzfedern – und seitdem, so heißt es, hat der Falke einen gespaltenen Schwanz.

Der frühe türkische Dichter Mohammed Ben Osman verfaßte ein längeres Rätselgedicht, das in phantasievoller Rede das Feuer umschreibt. Es beginnt:

Welche Blume ist es, die zu jeder Zeit
Im Winter wie im Sommer sich erneut?

Von dem um 1080 in Kastilien geborenen hebräischen Dichter Abul Hassan stammt das Rätsel vom Weizenkorn, das in abgewandelter Form auch in vielen anderen Sprachen zu finden ist:

Was ist's, das nachts ins Grab man legt
Und dennoch nicht den Tod erleidet,
Dort Kinder zeugt, sie sorgsam pflegt,
Bis sie erscheinen – wohlbekleidet.

Besonders phantasiereich sind die arabischen Rätsel, die ebenfalls auf eine lange Tradition zurückblicken können. Im Arabischen gelangte das Rätsel zu hoher Blüte. Ein Volksrätsel stellt die folgende Rechenaufgabe:

Kehrten die Tauben ein zur Taube mein,
Und die Hälfte obendrein,
Genug würden mir hundert sein.

In eine nüchterne Sprache übertragen, hieße dies: Die Anzahl der Tauben + deren Hälfte + eine Taube = 100, das heißt, es waren 66 Tauben.

Von dem aus Basra stammenden Schriftsteller Harîrî (1054–1121) ist das Rätsel von dem Hahn und dem Huhn überliefert:

Mit einer Silbe ist es abgetan,
Was ist es? Flügel hat's am Leib.

Mit einem a ist es ein Mann,
Mit einem u ist's dessen Weib.

Für die meisten Rätsel läßt sich kein Autor nennen, sie wurden im Volk geboren, weitererzählt und nur gelegentlich aufgeschrieben. So ist es auch zu erklären, daß häufig von einem Rätsel viele Fassungen bekannt sind und in vielen Sprachen existieren.

Hier ist ein russisches Volksrätsel, das seine Auflösung gleich in Versform mitliefert:

Sage, Mädchen, was ohne Feuer brennt,
Ohne Feuer brennt, fliegt ohne Schwingen,
Ohne Schwingen fliegt, läuft ohne Füße?

Ohne Feuer brennt die schöne Sonne,
Ohne Schwingen fliegen schwarze Wolken,
Ohne Füße laufen schnelle Flüsse.

Aus Litauen kommen die folgenden drei kurzen rätselhaften Sätze, hinter denen sich, der Reihe nach, der Brief, das Ei und der Eiszapfen am Dachrand verstecken:

Ein blindes Täubchen flattert durch die ganze Welt.

Eis durchschlug ich und fand Silber,
Silber durchschlug ich und fand Gold.

Die Wurzel nach oben, nach unten der Gipfel.

Aus dem Niederländischen stammt das Rätsel, das ein lustiges Bild des Fingerhutes beschreibt:

Es gibt ein Ding, das ist größer als eine Laus
Und kleiner als eine Maus,
Und in ihm sind mehr Fenster
Als in eines Königs Haus.

Die Schar der deutschen Rätsel ist unüberschaubar. Seit dem 16. Jahrhundert erschienen immer wieder Bücher, die aus dem Volke stammende Rätsel sammelten und so zu deren weiteren Verbreitung unter der deutsch sprechenden Bevölkerung beitrugen. Zuvor beherrschte das Latein die Schriftsprache und auch die Rätselliteratur. So waren Rätsel in deutscher Sprache nichts Selbstverständliches. Bis ins Mittelalter war Latein in ganz Europa die Sprache der Gebildeten und Gelehrten. Martin Luther (1483–1546) zum Beispiel erregte dadurch großes Aufsehen, daß er begann, seine Predigten nicht mehr in lateinischer, sondern in deutscher Sprache zu halten.

Uns erscheint bereits das vor wenigen Jahrhunderten gesprochene Deutsch seltsam und schwer verständlich. Eine Rätselsammlung von 1751 enthält die folgenden drei Scherzfragen samt den Antworten, die in ihrer ursprünglichen Schreibweise belassen wurden:

Mann und Weib, wer aus beyden ist das gescheidiste?
– Das Weib, dann ein Weib kan vil Männer zu Narren machen.

Welche seynd die kleinste Fische?
– Die den Schweif nächst am Kopff haben.

Wo hat Adam den ersten Löffel zum essen genohmen?
– Bei dem Stiel.

Im 18. und 19. Jahrhundert begannen auch große deutsche Dichter und Gelehrte selbst Rätsel zu schreiben oder alte Rätsel in neue Verse zu kleiden. Man nennt sie Kunsträtsel. Sie sind meist sprachlich geschliffener, doch auch schwerer zu raten. Friedrich Schillers Rätsel vom Regenbogen gehört wohl zu den schönsten:

Von Perlen baut sich eine Brücke
Hoch über einen grauen See;
Sie baut sich auf im Augenblicke,
Und schwindelnd steigt sie in die Höh'.
Der höchsten Schiffe Masten
Ziehn unter ihrem Bogen hin,
Sie selber trug noch keine Lasten
Und scheint, wie du ihr nahst, zu fliehn.
Sie wird erst mit dem Strom und schwindet,
Sowie des Wassers Flut versiegt.
So sprich, wo sich die Brücke findet,
Und wer sie künstlich hat gefügt.

Auch Friedrich Schleiermacher interessierte sich sehr fürs Rätselhafte und ersann so raffinierte Rätsel wie dieses hier:

Was in dem ersten Paar du hattest,
 erhascht sich das Ganze;
Merkst du es zeitig, du wirst
 „haltet die letzte mir!" schrein.

Mit dem ersten Paar sind die ersten beiden Silben des gesuchten Wortes gemeint; die Lösung ist „Taschendieb".

Mit Humor widmet sich Franz Brentano dem Rätsel:

Zwei Schwestern kenne ich – kannst du es fassen? –,
Die ganz zusammen passen,
Jed' Werk gemeinsam tun
Und nachts mitsammen ruhn.
Doch, gilt's in kleinsten Fragen
Ja oder nein zu sagen,
Wirst jedesmal du sehn,
Daß die zwei Schwestern auseinander gehn.

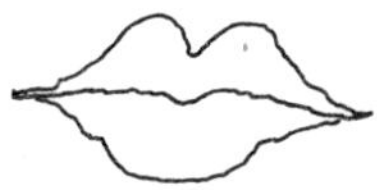

Die beiden Schwestern sind die Lippen.

Und Friedrich Rückert nutzt die Tatsache, daß sich hinter einem Wort oft zwei ganz verschiedene Bedeutungen verbergen; hier ist das gesuchte Wort „Tauber“:

Welcher Vogel ist es, den, so laut er girrt,
Doch ein Gleichgenannter schwerlich hören wird?

Welche Rätselarten gibt es, und wie löst man Rätsel?

Rätsel sind Denkaufgaben. Sosehr uns auch ein Rätsel verwirren will, liefert es doch gleichzeitig hilfreiche Hinweise, um die Lösung zu finden. Erste Regel also: Lies das Rätsel mehrmals langsam und aufmerksam und suche solche Hinweise. Dann ist wichtig: Wonach wird überhaupt gefragt? Um das herauszubekommen, ist es nützlich, die verschiedenen Arten der Rätsel kennenzulernen.

Wer an Rätsel denkt, dem wird zuerst das Kreuzworträtsel einfallen. Du wirst sicher bereits bemerkt haben, die alten Rätsel sehen ganz anders aus. Sie reimen sich meist, und ihre Dichter haben sich sehr viel Mühe gegeben, daß ihre Rätsel auch schön klingen und phantasievoll sind. Die originellen Umschreibungen dieser Rätsel sind sorgsam erdacht. Daran gemessen, sind die modernen Kreuzworträtsel arm und phantasielos; sie fragen, kurz angebunden und sachlich, nach Begriffen, die man dann in ein vorgegebenes Schema senkrechter und waagerechter Linien (daher der Name Kreuzworträtsel) eintragen muß. Hinweise zum Finden der Begriffe gibt es nicht. Entweder kennt man den gesuchten Fluß mit fünf Buchstaben, oder man kennt ihn nicht. Das wirkliche

Rätsel dagegen, auf das sich dieses Buch beschränken will, fordert weit mehr zum Nachdenken und Kombinieren heraus, es verblüfft aber auch durch unerwartete Lösungen.

Zunächst kann man Rätsel nach drei großen Gruppen unterscheiden: Sprachrätsel, Rechenrätsel und Bilderrätsel. Das Rechen- und das Bilderrätsel sind schnell erklärt, das erste läßt sich mit Hilfe der Mathematik lösen. Beim zweiten gilt es, in Abbildungen etwas Verstecktes zu suchen, Formen zu vergleichen und wiederzuerkennen, einen Weg durch ein Labyrinth zu finden – auf jeden Fall also muß man hinschauen und suchen.

Die meisten Rätsel aber sind Sprachrätsel. Hier werden Wörter, Silben oder einzelne Buchstaben gesucht. Oft gibt dir das Rätsel gleich zwei Hinweise: a) was der gesuchte Gegenstand (es kann auch ein Vorgang oder ein Zustand sein) für Eigenschaften hat und b) wie sich das Wort für diesen Gegenstand schreibt. Häufig werden auch gleich zwei oder mehr Gegenstände gesucht, die irgend etwas Gemeinsames haben, und sei es nur ihre Schreibweise oder Aussprache. In diesem Buch sind zahlreiche Worträtsel von verschiedener Art versammelt:

1. Das Wort mit mehreren Bedeutungen – man nennt es **Homonym**. Die deutsche Sprache kennt viele solcher Wörter, die gleichzeitig mehrere Dinge bedeuten. Nach einem solchen Wort wird im folgenden Beispiel gesucht:

> Als Tier bin ich gepanzert, als Krankheit gefürchtet;
> auch als Sternbild kennst du mich – wie heiße ich?

Zu erraten ist also ein Tier, das genauso heißt wie eine Krankheit und auch wie ein Sternbild. Da es sehr viele Tiere gibt, demgegenüber nur wenige Sternbilder (doch sind es immerhin 88), versuchen wir zunächst, ein Sternbild mit einem Tiernamen zu finden. Da hätten wir den

Großen Bären, den Skorpion, die Schlange, den Krebs … und noch 38 andere, die aber wohl niemand alle auf Anhieb nennen könnte – oder weißt du, daß es auch eine Fliege, einen Hasen und einen Raben am Sternenhimmel gibt? Doch beschränken wir uns ruhig auf die vier, die uns zuerst eingefallen sind. Wir wissen, das Tier soll gepanzert sein – da bleiben also nur der Skorpion und der Krebs übrig. Schließlich soll das Tier auch der Name für eine Krankheit sein, und das kann nur für den Krebs zutreffen.

Was haben wir getan, um die Lösung zu finden? Zuerst suchten wir eine möglichst überschaubare Gruppe von in Frage kommenden Begriffen (das waren die Sternbilder). Dann sortierten wir nach und nach all das aus, was nicht im Rätsel gemeint sein konnte (alle Tiere ohne Panzer). Schließlich brauchte uns nur noch der gleichlautende Krankheitsname einzufallen. Wie in unserem Beispiel lohnt es sich übrigens immer, das Rätsel von hinten aufzulösen, wenn man von vorn nicht recht weiterkommt. Oft steht der erfolgversprechende Hinweis erst in der Mitte oder am Ende des Rätseltextes.

2. Beim **Buchstabenrätsel** werden zwei oder mehr Wörter gesucht, die sich sehr ähnlich sind und sich nur dadurch unterscheiden, daß immer ein Buchstabe im Wortbild geändert wird:

Mit B fließe ich,
Mit D schütze ich.

Wie unser Beispiel zeigt, wird der veränderte Buchstabe genannt, der Rest des Wortes ist zu erraten. Hier sind die Anfangsbuchstaben bekannt (denn sie werden groß geschrieben), aber das muß nicht immer so sein. Der veränderte Buchstabe kann auch in der Mitte oder am Ende des Wortes stehen. Für dieses Rätsel ist die Lösung schnell gefunden: Was fließt und fängt mit B an? Ein „Bach“! Dann muß die Endung -ach mit einem D davor schützen: also ein „Dach“.

Bei einem Buchstabenrätsel können sich zwei Wörter auch dadurch unterscheiden, daß dem einen lediglich ein Buchstabe fehlt – schon verändert sich der Sinn:

Welcher Laubbaum plus l ergibt dessen Frucht?

Hier soll also dem Namen eines Laubbaumes ein l angehängt werden. Man muß nur die bekannten Laubbaumarten durchprobieren und ihnen ein l anhängen. Natürlich wird man auf viele unsinnige Wörter stoßen, irgendwann allerdings auch auf die „Eiche“, aus der die „Eichel“ wird.

3. Eine weitere Rätselart – **Logogriph** genannt – läßt die Zahl der Buchstaben eines Wortes unverändert und wechselt lediglich ihre Reihenfolge. Die Buchstaben werden durcheinandergeschüttelt, es entsteht ein neues Wort:

Aus einem zweisilbigen Bindewort wird ein Vogel, wenn man den letzten Buchstaben nach vorn setzt.

Bindewörter oder Konjunktionen sind z. B.: und, oder, aber, auch, entweder, sowie, dann ... Von den zweisilbigen Konjunktionen wird, setzt man den letzten Buchstaben nach vorn, nur aus „aber“ ein „Rabe“.

4. Eine spaßige Rätselart ist das **Anagramm**. Hierbei wird ein Wort gesucht, das von vorn und auch von hinten gelesen werden kann, das dabei aber eine andere Bedeutung erhält. Meist liest man Buchstabe für Buchstabe rückwärts, es gibt aber auch Wörter, bei denen man silbenweise rückwärts lesen muß.

> Eine Farbe, das Symbol der Gesundheit und der Liebe, ergibt, rückwärts gelesen, einen weiten und hohen Eingang – aber auch einen unvernünftigen Menschen.

Hier finden sich gleich drei Hinweise auf das gesuchte Wort, und das Rätsel ist nicht allzu schwer. „Rot“ ist die Farbe der Liebe, umgedreht liest man „Tor“. Daß diese Bezeichnung für einen unvernünftigen Menschen etwas aus der Mode gekommen ist, schadet dem Rätsel sicher nicht. In diesem Rätsel werden gleich zwei Rätselarten miteinander verknüpft: Zum einen soll man ein Wort rückwärts lesen, zum anderen hat das rückwärts gelesene Wort zwei verschiedene Bedeutungen, ist – wie du längst weißt – ein Homonym. Dieser Verbindung mehrerer Rätselarten in einem Rätsel wirst du in diesem Buch mehrmals begegnen.

5. Eine recht seltene Sonderform des Anagramms ist das **Palindrom**. Ein solches Wort, das im Rätsel gesucht wird, kann man von vorn wie von hinten lesen. Allerdings verändert sich das Wort dabei nicht. Im Deutschen haben wir nicht viele solcher Spiegelwörter, im Lateinischen dagegen gibt es sogar lange Sätze, die man in beiden Rich-

tungen lesen kann. Hier ein Beispiel, bei dem zugleich jedes Wort für sich ein Palindrom ist:

Odo tenet mulum, madidam mappam tenet Anna,
Anna tenet mappam madidam, mulum tenet Odo.

Das längste, noch sinnvolle deutsche Spiegelwort, das ich kenne, stammt von Hans-Georg Stengel und lautet:

Dienstmannamtsneid.

6. In der **Scharade** – oder Silbenrätsel – wird ein mehrsilbiges Wort gesucht. Dabei sind die Silben des Ratewortes zunächst einzeln und am Ende ist das ganze Wort verrätselt:

Meine beiden ersten Silben bilden ein häufig gebrauchtes Metall, die dritte ist ein Ausruf der Überraschung.
Zusammen ist es eine Automobilbaustadt in Thüringen.

Hier besteht der erste Teilbegriff aus zwei Silben – schnell kommt man auf „Eisen" und auf „ach" als Ausruf. Beides ergibt „Eisenach". Natürlich kann man auch umgekehrt vorgehen. Wer versucht, zuerst den ganzen Begriff zu erraten, sollte anschließend kontrollieren, ob die beiden Teile des gefundenen Begriffes auch die richtigen Lösungen für die erste Hälfte des Rätsels sind.

7. Obwohl es fast so aussieht, ist das **Arithmogriph** mit dem Kreuzworträtsel nicht verwandt. Bei dieser seltenen Rätselart wird zuerst ein längerer Begriff erfragt. Die Buchstaben des Lösungswortes sind numeriert. Danach werden weitere, meist kürzere Begriffe gesucht, wobei zusätzlich gesagt wird, aus welchen der Buchstaben des ersten Lösungswortes sie zu bilden sind. Fragt man bei-

spielsweise nach einem anderen Wort für Rechenkunst, das aus 10 Buchstaben besteht, so kommt nur „Mathematik“ in Frage. Numeriert man die Buchstaben durch, ergibt sich:

1 2 3 4 5 6 7 8 9 10
M a t h e m a t i k.

Als nächstes wird beispielsweise nach einem mit Strategie zusammenhängenden Begriff gefragt, wobei das Wort aus den Buchstaben

3 2 10 8 9 10

gebildet werden soll. Wir erhalten „Taktik“. Und weiter wird aus

6 9 5 8 5

„Miete“ (verrätselt als Wohngeld oder auch als frostsicherer Aufbewahrungsort von Feldfrüchten im Freien) und so weiter.

8. Schließlich gibt es noch das **Scherzrätsel**. Es kann sich eigentlich in jeder der bisher beschriebenen Rätselformen verstecken. Nie ist man sicher, hinter einer scheinbar ernsthaften Frage nicht auf einen Scherz zu stoßen.

Welches
Wort
wird
kürzer,
wenn man
eine Silbe
anhängt?

Nach kurzem Nachdenken wird klar, daß dies eigentlich unmöglich ist. Wenn ich irgendwo etwas anhänge, wird das Ganze länger, nicht kürzer. Und doch hat das Rätsel eine Lösung – man muß nur genau lesen! Ganz wörtlich steht da: „Welches Wort wird kürzer ...“ Zuerst ist da also ein gesuchtes Wort, dann hängt man eine Silbe an, und es wird kürzer – besser gesagt: es wird „kürzer“ daraus. Natürlich ist „kurz“ das gesuchte Wort! Hängt man die Silbe -er an, (und macht u zu ü), so wird „kürzer“ daraus.

Eine ungewöhnliche Form hat auch das folgende Rätsel:

Vorwärts bin ich ein – oh, ich hab mich verraten;
rückwärts such mich nur, du findest mich: nie!

Das scheint keinen Sinn zu geben – da liegt der Verdacht auf ein Scherzrätsel nahe, zumal das Rätsel selbst droht, es wäre nie zu lösen. Unlösbare Rätsel aber gibt es nicht, denn mindestens der Erfinder kennt die Lösung. Doch halt, schon haben wir zu schnell und zu flüchtig gelesen. Dort steht ein Doppelpunkt vor nie, den man nicht überlesen darf. Davor heißt es, daß man das Wort durch Rückwärtslesen finden wird, und hinter dem Doppelpunkt steht auch schon das Wort „nie“. In seiner ersten Zeile stockt das Rätsel bei dem Wort „ein“ und sagt, es habe sich bereits verraten. Tatsächlich, da steht: „Vorwärts bin ich ein“. Weil schließlich aus „ein“, rückwärts gelesen, „nie“ wird, haben wir schon die Lösung.

Eine weitere Form der Scherzfrage verbirgt sich hinter:

Welches ist der höflichste Fisch?

Da Höflichkeit keine Eigenschaft von Fischen sein kann, muß im Namen des gesuchten Fisches ein Sprachspiel versteckt sein, das das Rätsel löst. Nach einigem Probieren kommt man (hoffentlich) auf den Bückling, der, im übertragenen Sinne, eine Verbeugung vor uns macht.

Also ist ein geräucherter Hering – Bückling genannt – doch höflich? Nun, ein solches Rätsel sollten wir nicht ernst nehmen – hier überwiegt der Spaß am Spiel mit unserer Sprache, nicht der Wissenstest. Wer nun aber von mir wissen will, wie man beim Nachdenken vom „höflichsten Fisch“ auf den „Bückling“ kommt, den muß ich enttäuschen. Das ist das eigentlich Rätselhafte beim Rätselraten. Dafür läßt sich kein Rezept angeben. Hier sollten wir allein der menschlichen Phantasie vertrauen, die solche kleinen Wunder zustande bringt.

Also kann man letztlich doch nicht sagen, wie Rätsel zu raten sind? – Nein, man kann es nicht, und das ist gut so, denn wenn dieses letzte Geheimnis auch lösbar wäre, so verlören wir doch den Spaß am Rätselraten!

Olaf R. Spittel

Rätsel über Rätsel

1.

Man nimmt ein B und liest es,
Dann nimmt man ein T und beniest es.

2.

Auf ss setzt sich, wer müde ist,
Doch mm kauft, wer hungrig ist.

3.

Worin liegt der Unterschied
zwischen einem Blitz und
einem Pferd?

4.

Was ist schwerer: ein Pfund Federn oder ein Pfund Blei?

5.

ei tragen dich auf allen Wegen,
ie versüßt dir das Leben.

6.

Verwundete Bäume lassen ein Mittelgebirge wachsen.

7.

Wie schreibt man die Zahl elftausendelfhundertundelf?

8.

Mit r speit Lava er und macht viel Krach,
Doch ohne r jagt er Mäuse und sitzt auf dem Dach.

9.

Es wurzelt gen Himmel und wächst zur Erde.

10.

Erwin ist heute dreimal so alt wie sein jüngerer Bruder

Klaus. Vor 4 Jahren aber war er siebenmal so alt wie Klaus. Wie alt sind beide heute?

11.

Es läuft, fußlos und taub und stumm,
Um Baum und Brot und Käs' herum.
Schneid ihm den Schweif ab – sieh, da steht's
Im Stall, und auf die Weide geht's.

12.

Mit einem i wird selbst das Beste oft gefährlich.

13.

Ich bin mit H dein Obdach,
Mit M habe ich vier,
Mit L sechs Füße;
Läßt du aber diese drei Zeichen weg,
So ist es aus mit mir.

14.

Zu meinen Füßen eilt in Hast
Umher es fleißig, ohne Säumen,
Doch über mir hoch in den Bäumen
Hüpft kopflos es von Ast zu Ast.

15.

16.

Mich selbst hat keiner je gesehn,
Doch hört und sieht man leicht mich gehn.
Es kündet auf gemeßner Bahn
Sich Schritt um Schritt mein Dasein an.
Und wenn du nachdenkst, wer ich sei,
Bin ich entronnen und vorbei.

17.

Den Kopf allein dem Vogel ab ich hieb,
Doch nur ein halbes Viertel übrigblieb.

18.

Ehre wirst du gewinnen, wenn im Namen eines zierlichen Wildes einen Laut du anders zu setzen verstehst.

19.

Es steckt in der Lupe,
Es schmeckt in der Suppe.

20.

Er hat einen Kamm und kämmt sich nicht,
Er hat Sporen und ist kein Ritter,
Er hat Sicheln und ist kein Schnitter.

21.

Von dieser Figur sollen 5 Quadratseiten weggenommen werden, so daß nur noch 3 Quadrate übrigbleiben, deren Seiten nicht aneinander grenzen.

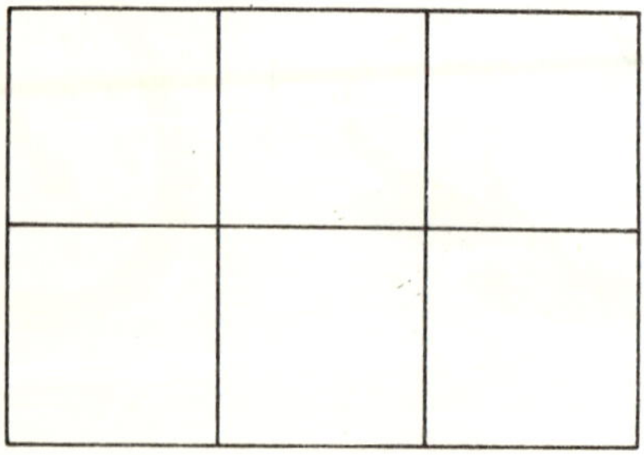

22.

Eins sind wir zwei,
Doch wenn wir uns zusammenfügen,
Entzwein wir alles, was wir kriegen.

23.

Ich kenne einen Handwerksmann,
Hat fünf Gesellen, die fassen gemeinsam an,
Und flink ist jedes Werk getan.

24.

Mit u ist's pickend, schnabelwetzend,
Mit o dagegen meist verletzend.

25.

26.

Welcher Name eines römischen Dichters ergibt sich, wenn man nichts, sechs und fünfhundert zusammenzählt?

27.

Welches unsichtbare Wesen hört ohne Ohren, schwatzt ohne Mund und antwortet in allen Sprachen?

28.

Einem Juwel gleich wird ein Baum geschätzt,
Wird ein Laut ihm schnell vorangesetzt.

29.

Wie kann man die Zahl 89 mit vier gleichen Ziffern schreiben?

30.

ü tun schwere Lasten und auch die Not,
Mit u verdient ein Buchhersteller sein Brot.

31.

Seht ihr drin vier Spiele,
Stets ein Spieler ist's,
Fehlen die vier Spiele,
Klar wie Wasser ist's.

32.

Wann ist 2 mal 2 = 5?

33.

Ein Malermeister gab seinen drei Lehrlingen den Auftrag, ein jeder solle sich aus dem großen Kübel 5 Liter weiße Vorstreichfarbe nehmen und damit Türen streichen. Nun gerieten die Lehrlinge aber in arge Verlegenheit, als sie sahen, daß sie kein Maß hatten, um die Farbe aufzuteilen. Der große Kübel faßte genau 15 Liter Farbe, aber sie wußten nicht, wieviel Farbe in die Behälter paßte, die sie zum Streichen benutzten. Doch dann entdeckten sie drei Eimer, deren Füllmenge angegeben war. Einer faßte 7, die beiden anderen je 4 Liter. Und nach einigem Hin- und Hergießen hatte schließlich jeder seine 5 Liter Farbe. Wie machten das die drei?

34.

Wie kann man die Zahl 666 zu einer Zahl machen, die

um die Hälfte größer ist, ohne sie durch eine Rechenoperation zu verändern?

666

35.

Was ist das für ein Blatt? In Heften und Büchern ist es nicht zu finden, auch an Büschen und an Bäumen nicht.

36.

Wie das wohl geschehen mag?
Ein Jahr nennt man's, und doch ist's nur ein Tag,
Heißt neu, du kannst es im Kalender lesen,
Und ist doch tausendmal schon dagewesen.

37.

Was sich bei jedem Lichte findet
Und gleichwohl auch vor jedem Lichte schwindet,
Was man so gern im heißen Sommer sucht –
Ob ihr die Antwort schnell versucht?

38.

Sagt heute, wenn ihr wißt,
Was morgen gestern ist?

39.

Die dritte werfen die ersten zwei.
Das Ganze ist im Nu vorbei.

40.

Wie kann man im Sommer bei 30 °C Hitze Hammelfleisch lange frisch halten?

41.

B leitet, K gleitet,
H scharrt, W narrt.

42.

In diese Figur sind die Zahlen von 1 bis 21 so einzutragen, daß die Summe jeder senkrechten Reihe, aber auch jeder Diagonalen, die aus drei Feldern besteht, immer 33 beträgt.

43.

44.

In welchem einen Laute steckt,
Was Kranken und Gesunden schmeckt?

45.

Spricht man vom Ganzen, so gebührt,
Wie alle wir wissen,
Vor allen Tieren dir, o Fuchs, der Preis!
Doch muß es die drei ersten Lettern missen,
So ist es weder kalt noch heiß.

46.

Bald ist es aus Seide fein,
Bald sind's leckre Gräser.
Kommt ein al noch hinterdrein,
Schützt es Brillengläser.

47.

Was ist die Hälfte von achtzehn?

48.

Sp stammt aus der Vogelwelt,
H aus dem Fischgeschlecht,
Beide sind echt, was man auch von ihnen hält,
Sprich es nur aus, sicher hast du recht.

49.

Im Ofen ist sein Aufenthalt,
Fressen kann es den ganzen Wald.
Im Wasser wird es mausetot,
Wen's beißt, der leidet große Not.

50.

Es ist als Vergnügen, Spaß und Lust verehrt,
Setzt du ein m hinein, wird es ins Gegenteil verkehrt.

51.

Man gibt sie ab, wenn man berät und wählt,
Und man erhebt sie, wenn man singt, erzählt.

52.

Warum fressen die weißen Schafe mehr als die schwarzen?

53.

Ich weiß einen Schmaus und weiß eine Weide –
Ihr kennt sie längst auch alle beide –,
Daran können weder Mund noch Maul sich laben,
Nur für Ohren und Augen sind sie zu haben.

54.

Als man einen Schäfer nach der Zahl seiner Schafe fragte, gab er zur Antwort: „Wenn ich von meinen Schafen die Hälfte und ein halbes verkaufen würde, und dann von dem Rest wieder die Hälfte und ein halbes, und das noch ein drittes, ein viertes, ein fünftes und ein sechstes Mal, so würde ich immer noch ein Schaf übrig haben." Wieviel Schafe waren in der Herde des Schäfers?

55.

Der Apotheker eines kleinen Örtchens war für seine Pfiffigkeit bekannt. Um seine Präparate abwiegen und verkaufen zu können, besaß er eine Schalenwaage und lediglich 6 Gewichte dazu. Aber er meinte, mit seinen Gewichten in Höhe von 1, 3, 9, 27, 81 und 243 Gramm könne er bis zu einem Gewicht von 364 Gramm alles abwiegen. Hat der Apotheker recht? Um es zu überprüfen, sollst du versuchen, ob du es bei sechs Pulvermengen von 15, 34, 60, 100, 150 und 339 Gramm nacheinander zu einem Gleichstand der beiden Waagschalen bringst.

56.

3 4 4 3: ist ein altes Maß,
2 3 4 4 3: auf Meer und See findest du das,
1 2 3 4 4 3: täglich gehst du drüber hin –
Es ist nicht draußen und nicht drin.

57.

Was ist das?
Sie dreht sich um und baut nun plötzlich Brücken
Und hängt am Dach und kann das Leckermaul beglükken.

58.

Wir sind so gut wie bares Geld,
Man schickt uns in die weite Welt.
Wir haben Kopf, doch kein Gesicht,
Man sticht uns, doch es schmerzt uns nicht.
Und wer uns richtig will verstehen,
Muß erst nach unserm Schlüssel sehen.
Fehlt dir das Geld, das nöt'ge kleine,
Bist du in uns, doch ohne Beine.
Vor vielen Worten man uns hat:
Vor Bank und Pult und Buch und Blatt.

59.

Wie kann man aus einer Schüssel mit Eiern die Hälfte und ein halbes Ei fortnehmen, ohne ein Ei zerbrechen zu müssen?

60.

Mancher Junge nennt sich so,
Wie die erste sagt,
Und verzehrt die zweite froh,
Wenn ihn Hunger plagt.
Sind vereint die beiden dann,
Ist's ein pudelnärrischer Mann.

61.

Die beiden ersten sind ein Tier,
Die dritte trägt der Mann als Zier.
Das Ganze wächst im dunklen Wald
In sonderbarer Mißgestalt.

62.

Ein Reittier ist's – wer kann es finden?
Es liest von vorn sich wie von hinten!

63.

Mit L beschwerst du mich,
Mit H beeilst du dich,
Mit B da binde ich,
Als G bewirte mich,
Durch R erholst du dich,
Mit M halt Segel ich.

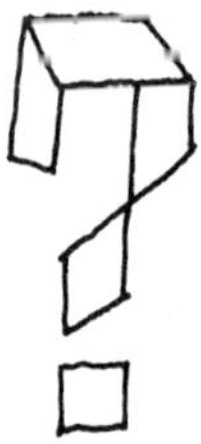

64.

Wodurch unterscheiden sich die beiden Abbildungen?
(siehe Seite 36/37)

65.

Im Meere sind wir zu Hause,
In Büchsen, wenn wir reisen.
Wir sind dabei bei manchem Schmause,
Doch nicht, um selbst zu speisen.
Und schiebst geschickt ein i du ein,
So wird es eine Insel sein.

66.

Sitzt einer auf dem Dach und raucht,
Der weder Pfeif noch Tabak braucht.

67.

Georg zu Frank: „Gib mir einen von deinen Äpfeln, dann habe ich doppelt soviel wie du.“ – Frank zu Georg: „Gib mir lieber einen von deinen Äpfeln, dann haben wir beide gleich viele!“ Wieviel Äpfel haben die beiden?

68.

Bald fällt's vom Mond,
Bald von der Sonn' ins Zimmer,
Doch ohne Kopf ist's immer.

69.

Mit e schlägt's ohne Säumen,
Mit a quillt's aus den Bäumen.

70.

Wie können 10 Personen 10 Eier so teilen, daß jeder ein Ei bekommt und doch noch eins in der Schüssel bleibt?

71.

1 2: Sein Haupt schmückt eine Krone, mit Blättern verhangen.
2 1: er spricht von deinen Ahnen, die längst schon vergangen.
1 2: er steht bei Wind und Wetter hier.
2 1: man kann ihn lesen auf Papier.

72.

Welcher Stand ist immer gern gesehen?
Welcher pflegt stets obenan zu stehen?
Welchen braucht man stets zu komplizierten Dingen,
Daß die Lösung dieses Rätsels hier dir mag gelingen?

73.

Ein Junge wollte einst beim Spiele
Der schnellste gerne sein.
Er 1 2 3 4 sehr schnell zum Ziele
Und 4 2 3 1 dann plötzlich übern Stein.

74.

o hängt an dir und geht mit dir
Und paßt sich ganz dir an,
a zittert schon und läuft davon,
Sowie du kommst heran.

75.

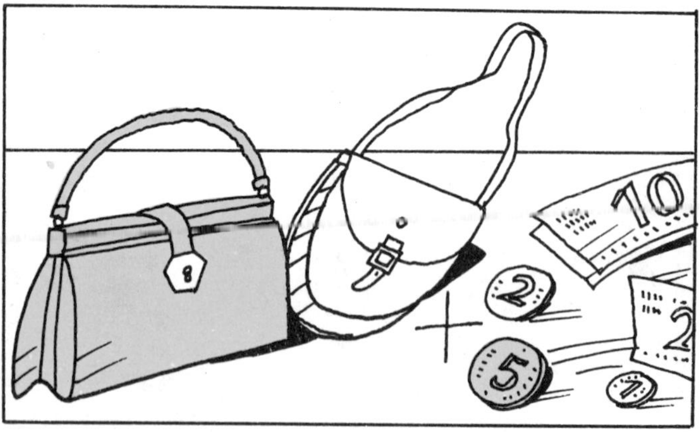

76.

Suche neun Wörter, welche, rückwärts gelesen, sich nicht verändern:
Das erste ist ein weiblicher Vorname,
das zweite ein vornehmer Titel in der Türkei,
das dritte zeigt die Abwesenheit der Flut an,
das vierte ist ein Ackergerät,
das fünfte ist die Verbindung zweier Menschen,
das sechste findet man am menschlichen Körper,
das siebente hat ein Würfel reichlich,
das achte ist ein Nachtvogel,
das neunte ist ein männlicher Vorname.

77.

Man sitzt auf eins, man singt nach zwei-drei,
Ob's noch soviel vom Ganzen sei:
Dem Geizhals würd es nicht zu schwer,
Er nähme gern noch etwas mehr.

78.

Das erste ist ein Hund, das zweite ein Junge, das Ganze aber kein Hundejunge, sondern etwas Schlimmeres.

79.

Erst pflückt man mich,
Dann trocknet man mich,
Dann röstet man mich,
Dann rädert man mich,
Dann brüht man mich,
Und dann wirft man mich zur Tür hinaus.

80.

Mein erstes trägt so manche süße Frucht,
Mein zweites wird von Lernenden besucht.
Mein Ganzes ist ein Garten nett und fein –
Nun rat einmal, was mag das sein?

81.

Die erste Silbe ist ein halber Dreisatz,
Die zweite halb taumelnd,
Die dritte halb brausend,
Die vierte ein halbes Duett,
Die fünfte vorn kariert,
Die sechste ist hinten ein Braten.
Wer das kann erraten,
Kriegt 3000 Dukaten.

82.

Mit a auf der Milch, mit e am Bogen,
Mit ö ist man ihnen wie den eignen Kindern gewogen.
Mit ü versucht mancher, der einen Fehler begangen,
Wiedergutzumachen und Verzeihung zu erlangen.

83.

Aus d glänzt die Bluse freilich sehr,
Doch f erst wäscht sie sauber – was ist mehr?

84.

Wie lassen sich die 9 Streichhölzer so umlegen, daß in allen drei Reihen 4 liegen?

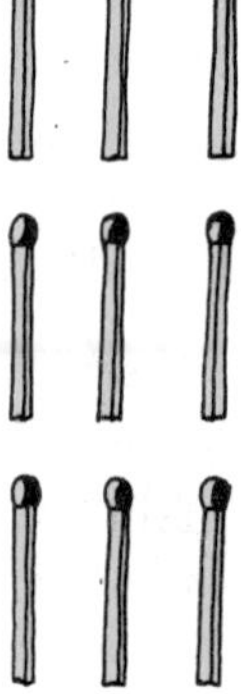

85.

Es ist weg und bleibt weg,
Es ist Tag und Nacht weg,
Und doch sieht es jedermann.

86.

Wer hat Borsten und ist
doch kein Schwein?

87.

Es knurrt und murrt,
Es sinnt und spinnt,
Miaut und kaut,
Ist uns vertraut,
Trägt aber keiner Katze Haut.

88.

Wann ist 7 die Hälfte von 12?

89.

Immer ist es nah,
Niemals ist es da.
Wenn du denkst, jetzt bist du dran,
Nimmt's gleich 'nen andren Namen an.

90.

Mich kann gewiß ein Blinder sehen,
Wer mich verzehrt, der ist kein Nimmersatt.
Wer mich besitzt, kann ruhig gehen,
Weil er den besten Schutz vor Dieben hat.
Wer mich versteht, ist wohl kein Weiser,
Und wer mich hört, der ist vermutlich taub.
Wer mich beherrscht, der ist kein Kaiser,
Und wer mich stiehlt, begeht nie einen Raub.
Wer von mir spricht, ist kein Verräter,
Zufrieden stets ist, wer nach mir sich sehnt,
Wer mich begehrt, gewiß kein Übeltäter,
Und schlecht beraten, wer an mich sich lehnt.

91.

Ich weiß ein Ding, das bald erschreckt
Und bald erfreut; das ohne Zunge leckt,
Das ohne Zahn und Magen
Doch unersättlich frißt,
Solang als was zu fressen ist.
Nur Wasser kann es nicht vertragen:
Sobald es trinkt, erlischt sein gluterfüllter Blick,
Es stirbt dahin im Augenblick.

92.

Man zieht ihn aus der Glut,
Man schlägt ihn in die Wand,
Man schlägt ihm auf den Kopf
Und trägt ihn an der Hand.

93.

Mit A führt es Blut, mit O Wasser.

94.

Sch ist zu finden an vielen Maschinen,
T ist nur die Mutter der Rosinen.

95.

Wollte man die Ostsee mit einem Eimer ausschöpfen, wieviel Eimer müßte man wohl füllen?

96.

In welcher Gesellschaft und an welchem Wochentag treffen sich regelmäßig Ochs, Esel und Schaf?

97.

1 2 3 4: ihn setzt sich auf der Maurersmann,
3 2 1 4: ihm setzt der Töpfer kräftig zu,
4 2 1 3: der Bäcker macht's zu Brot im Nu.

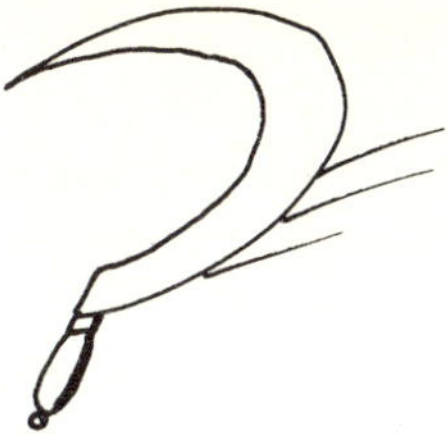

98.

Welche Sichel taugt nicht zum Mähen?
Welche Schrecken kann man ruhig sehen?

99.

100.

Es hat einen seltsamen Sinn –
Man ist in dem Ding erst richtig drin,
Wenn die Füße draußen sind –
Und doch kein Mensch das komisch find't.

101.

Ich habe ein Loch und mache ein Loch,
Und ich laufe durch das, was ich mache, auch noch.
Doch kaum bin ich durch, so stopft im Nu
Ein Stück meiner Schleppe das Ganze zu.

102.

Mädchen kommt zur Tür herein,
Hat's auf seinem Kopfe,
Auf der Stirne wird's nicht sein,
Aber in dem Zopfe.
In der Tasche ist es nicht,
Doch im Strumpf steckt's gerne,
In der Nähe ist es nicht,
Aber in der Ferne!

103.

Wer hat viele Zähne und kann doch nicht beißen?

104.

Was kann unter freiem Himmel von der Sonne nicht beschienen werden?

105.

Zwei Silben, wenn sie eng vereint:
Ein Monument von Stein, von Erz erscheint.
Doch machst du draus zwei Wörter klein,
Wird eine Redensart es sein,
Mit ihr beginnst du oft Geschichten,
Um Sonderbares zu berichten.

106.

Nun schau doch her: Er ist, verkehrt,
Eine Tonsilbe, wie man mich belehrt.

107.

Aus einer a trinkt man oft Tee,
In einer u lernt man das Abc.

108.

Der eine ist wertlos,
Ein Paar muß es sein;
Den Kopf weg, so steckt er

Beim Spiel alles ein.
Und nochmals geköpft,
Vergebliche List!
Weil das, was dann bleibt,
Ohnehin kopflos ist.

109.

Er wird getragen auf dem Kopf von Mann und Weib,
Mit a darin trägt man es auf dem ganzen Leib.

110.

Aus 10 Streichhölzern lassen sich drei Vierecke legen:

Geht das auch mit nur 9 Streichhölzern?

111.

Leichtfüßig sind sie wie das Glück,
Auch spricht ihr Name sich im Augenblick,
Doch eher noch zurück.

112.

Die ersten gehören zur Märchenwelt,
Die letzte ist uns zur Stütze bestellt.
Doch findet sie sich gewöhnlich zu zwein
Und trägt uns so über Stock und Stein.
Das Ganze ist ursprünglich ein Zahn,
Dem nie ein Zahnarzt weh getan.
Auch braucht sein Träger ihn nimmer zu putzen;
Es dient das Ganze zum Schmuck, seltener zum Nutzen.

113.

Von allem, was ich kriege, trinke
Ich mich so voll, daß ich zu Boden sinke.
Doch gönnt man mir es nicht – im Augenblick
Geb ich's bei einem Druck zurück.

114.

Dem schönen Pferde steht's wohl an,
Doch, rückwärts, wohlgepflegt, dem Mann.

115.

Auf vieren steh ich,
Hab einen Rücken,
Und wer's grad' mag,
Der darf mich drücken

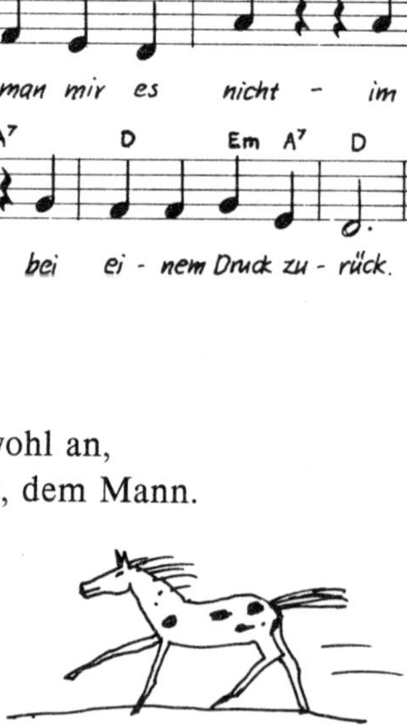

116.

Es hat kein Auge, es hat keine Hand,
Hat nicht Gefühl und nicht Verstand.

Doch bildet's, wie's kein Künstler kann,
Im Augenblicke jedermann.

117.

Zwei sehr höfliche Freunde wollen durch eine Tür gehen. Jeder möchte dem anderen den Vortritt lassen, und keiner will nachgeben. Wie kommen die beiden ohne Streit durch die Tür?

118.

Welche Unken werden von der Polizei verfolgt?

119.

Es kommt vom Leben, hat kein Leben und muß doch Leben tragen.

120.

Was für ein Garn liegt an der Sonnen,
Das aber niemals ward gesponnen?

121.

Was ist am Tage gefüllt und in der Nacht hohl?

122.

123.

Noch ehe du mit Rätselfragen
Noch weiter wirst von mir geplagt,
Hab ich dir hier schon mit Behagen
Mein kleines Rätselwort gesagt,
Das, vorwärts und zurück gelesen,
Stets gleich sich bleibt in Laut und Wesen.

124.

Wir treten es mit Füßen allerorten,
Doch flößt es wirklich erst Verachtung ein,
Wenn um zwei Laute kürzer es geworden –
Nur müssen es die beiden ersten sein.
Und will man noch ein Zeichen streichen,
So wird es einer schönen Blume gleichen.

125.

Ich bin zwar meiner Schwester gleich
An Alter und an Kräften,
Doch bin ich nicht so flink wie sie
Bei allerlei Geschäften.
Sie wird verwöhnt von Kindheit an,
Ich wachse ungeschickt heran.
So kommt's, daß in der ganzen Welt
Man sie nur für die Rechte hält.

126.

Was der Dieb in dunkler Nacht
Hat zum Verdruß der Leut' gemacht –
Stehst du auf dem Eis, gib acht,
Daß du nicht das gleiche machst!

127.

1 2 3 4 5 3: am Firmament schweben sie,
5 3 1 2 3 4: an Baum und Felsen kleben sie,
1 2 3 4 5 3: bewohnt von Unbekannten,
5 3 1 2 3 4: gebaut von Musikanten.

128.

Es geht jahraus, jahrein so stumm
Rings um den ganzen Wald herum.
Doch setze einen Laut nur noch hinein,
So steht der Wald im hellsten Feuerschein.

129.

In der folgenden Rechenaufgabe ist jedes Quadrat durch eine Ziffer zu ersetzen, wobei gleiche Quadrate auch gleiche Ziffern bedeuten.

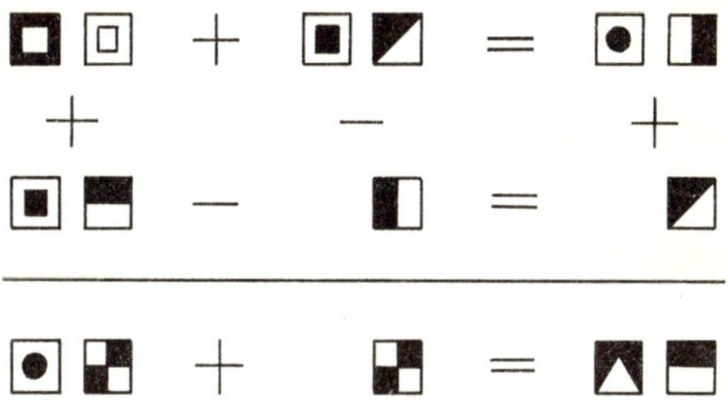

130.

Wenn ein Huhn in 20 Tagen 12 Eier ausbrüten kann, in welcher Zeit würde es 6 Eier ausbrüten?

131.

Ein Glöckchen ist mir wohlbekannt,
Es schimmert hell im ganzen Land,
Aus Silber scheint es gar gegossen,
Doch ist es aus der Erd' entsprossen.
Mit einem Klöppel ist es zwar versehn,
Doch hörte niemand sein Getön.
Auch kann's auf keinen Turm gelangen,
Man sieht's nur in der Tiefe prangen.

132.

Ich bin am dunkelsten,
Wenn es am hellsten ist,
Am wärmsten,
Wenn es am kältesten ist,
Am kältesten,
Wenn es am wärmsten ist.

133.

Was geht sechsbeinig übers Land,
Mit B am Fuß, Z in der Hand?

134.

Wer die Gefahr nicht bemerkt,
Dem ruft man zu: 1 2 3 4 5!
Wenn er sie aber bemerkt,
Ruft er: 5 3 2 1 4!

135.

Wer wirklich das Schachspiel erfunden hat, ist unbekannt. Allerdings gibt es eine Legende, daß es zum Zeitvertreib eines Königs von einem Gelehrten ersonnen wurde. Dem König gefiel das neue Spiel auf den 64 Feldern über alle Maßen, und er wollte den Erfinder reich belohnen. Der Gelehrte äußerte folgenden Wunsch: Lege mir auf das erste Feld des Spiels ein Weizenkorn, die doppelte Anzahl auf das zweite Feld und immer so fort, bis hin zum letzten Feld. Mit diesem Weizenvorrat werde ich wohl über den Winter kommen, fügte der Gelehrte lächelnd hinzu. Der König wunderte sich sehr über diesen bescheidenen Wunsch, mußte aber bald einsehen, daß er ihn unmöglich erfüllen konnte – und begriff, daß der Gelehrte ihm nur die unerschöpflichen Möglichkeiten des Schachspiels demonstrieren wollte. Jetzt verstand er das Lächeln des Gelehrten. Warum war der Wunsch nicht ganz so bescheiden, wie er klang?

136.

137.

Wie groß ist wohl die Wahrscheinlichkeit, daß beim Skatspielen die 32 Karten zweimal hintereinander völlig gleich an die drei Spieler verteilt werden?

138.

Sie ist keine Lampe, und doch gibt sie Licht.
Sie ist keine Nadel, doch Vorsicht – sie sticht!

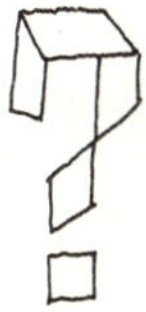

139.

Er ist stets in deinem Munde,
Doch stört er dich mitnichten –
Sie steht auf Waldesgrunde
Bei Buchen, Tannen, Fichten.

140.

Metalle werden aus mir gewonnen; setze einen Buchstaben voran, so bin ich eines der wichtigsten inneren Organe deines Körpers.

141.

Wie kann man 31 Markstücke so auf 5 Beutel verteilen, daß man jede ganzzahlige Summe zwischen einer Mark und einunddreißig Mark ausgeben kann, ohne einen Beutel öffnen zu müssen?

142.

Es stellt sich in den ersten beiden
Uns das Symbol der Weisheit dar,
Und selbstgefäll'ge Narren weiden
Sich an dem letzten Silbenpaar.
Das Ganze hat in deutschen Landen
Einst hoch und niedrig froh geneckt.

143.

Es hat mich das Auto
Und stets auch die Uhr,
Es hat mich der Vogel,
Errate mich nur!

144.

Soll ich mein Rätselwort dir nennen?
Sieh, da steht's:
Lies vorwärts und zurück,
Es bleibt dasselbe stets.

145.

Was ist denn das?
Da fällt etwas vom Tisch herunter,
Der Hund springt zu und frißt es munter.
Du denkst, es sei ein Wurstzipfel?
O nein, es ist vielmehr ein Berggipfel!
Hoch sieht man ihn ragen,
Wer kann ihn mir sagen?

146.

Macht eins, was zwei und drei besagen,
Dann sehn wir auch den Stärksten zagen.
Es wackeln ohne Widerstand
Das Haus, die Stadt, das ganze Land.

147.

Ein Pfeil ist durch die dicke Zielscheibe gedrungen. In welcher der beiden Abbildungen steckt ein Fehler?

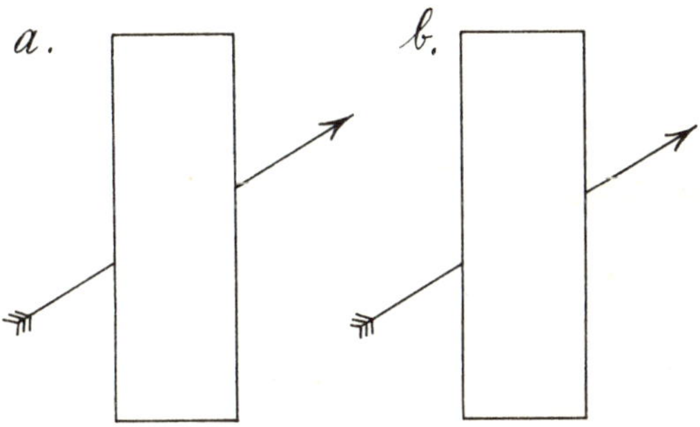

148.

Du willst mich vorwärts lesen – aber sieh:
Du liest mich falsch und anders nie.
Da wendest du mich schnell herum – allein:
Jetzt stellt der Schlaf sich bei dir ein.

149.

Sie mögen einem Kleid zur Zierde dienen,
Doch deine Stirn halt frei von ihnen.

150.

Städte hab ich, keine Häuser –
Wälder hab ich, keine Bäume –
Meere hab ich, keine Fische.

151.

Es wird für mich am Tag gemacht,
Doch brauch ich's erst in dunkler Nacht.

152.

Vorwärts gelesen hat's manchen geblendet,
Stammt von der Schlange, der listigen, alten;
Rückwärts gelesen wird's angewendet,
Lose Dinge zusammenzuhalten.

153.

1 2 3 4 5: das ganze Leben um uns her,
4 1 5 2 3: nur Schmutz und Kehricht und dergleichen mehr.

154.

Mit n beginnt's den Jahreslauf,
Mit g frißt's Tier und Menschen auf.

155.

Ihn machen Löwe, Luchs und Tiger,
Ihn übt der Schüler und die Schülerin,
Und er ist auch im Kaffee drin,
Man hat ihn dort am Boden lieber.

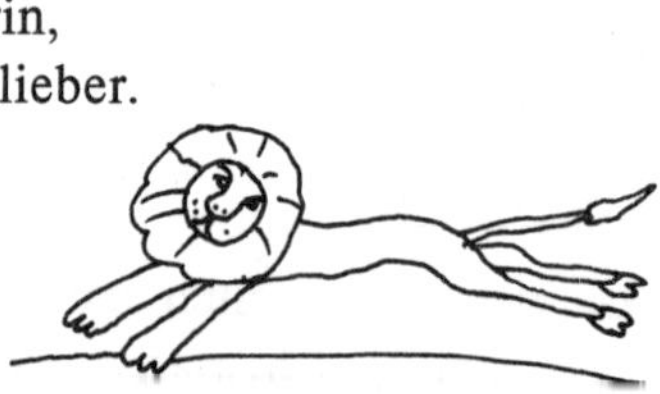

156.

Wer kann die Ellen mir nennen,
Die trefflich schwimmen können,
In salzigen Wassern und in süßen?

Wer kann die Ellen mir sagen,
Die tanzen an Sommertagen,
Und Ellen sogar mit vier Füßen?

157.

Wer ist froh, wenn er auf den Hund kommt?

158.

Diese
36 Streichhölzer
bilden
13 Quadrate.
Nimm
4 Hölzer weg –
es sollen
nur 8 Quadrate
übrigbleiben.

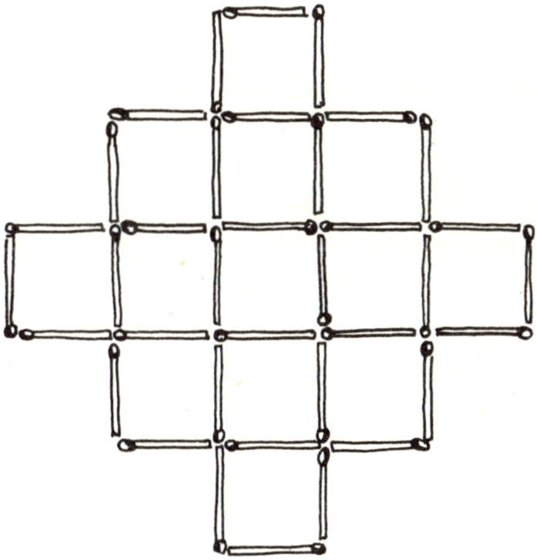

159.

Wer weiß?
Mit h statt j und a statt h ist's ein bärtiger Mann,
Mit j statt h und h statt a ein Greis.

160.

Was ist das für ein Fuß,
Der immer zittern muß?

161.

Was bleibt sich gleich in Nähen und in Fernen,
Im Norden und im Süden, in Sonnen und bei Sternen,
In Burgen und in Hütten, in Schalen und in Kuchenstücken,
In Freuden und im Leiden, im Leben und im Sterben?

162.

Wer sagt mit einem einz'gen Laut,
Was aus zerrißnen Socken schaut?

163.

Er steht im Rechenbuch und trennt, was einig war,
Bringt Arm und Bein, ja selbst das Leben in Gefahr.

164.

Was Vögel tun, das sind gewisse Tiere,
Die nicht zwei Beine haben und nicht viere.

165.

Das erste ist die Hälfte vom zweiten, das Ganze dreimal soviel wie das erste.

166.

t ist die Sonne, die am Abend kränzt,
Und Leben auch, das auf der Wange glänzt.
h ist ein Mensch voll Grausamkeit und Tücke,
Doch auch das Obst, das ich vom Baume pflücke.

167.

Trompeter tun zunächst
Beim Musizieren,
Was dir am Fuß erwächst
Vom Strapazieren.

168.

Was mag das für ein Schirm doch sein?
Man braucht ihn allerwegen.
Doch schützt er nicht bei Sonnenschein
Und nützt auch nicht bei Regen.

169.

Daß mancher es bei Tische liebt,
Das läßt man sich gefallen,

Doch wer es selbst zu allem gibt,
Macht sich verhaßt bei allen.

170.

Was für ein Schneider schafft,
Ob Meister oder Junge,
Aus voller Leibeskraft
Allein mit seiner Zunge?

171.

Wer überwindet Stock und Stein
Und rührt dabei nicht Arm noch Bein?

172.

Was will ein jeder werden,
Was will doch keiner sein?

173.

Aus einem Vogel acht entferne:
Und du sitzt drin im Garten gerne.

174.

Es ist zwar immer, doch nicht allezeit,
Und tritt ein Sch davor, ist das Licht nicht weit.

175.

Ich schäume wie vor Wut
Und meine es doch gut.
Die ganzen bösen Flecken
Fliehn vor mir mit Schrecken.

176.

Diese Bildgeschichte ist etwas durcheinandergeraten. Stelle die richtige Reihenfolge der Bilder wieder her.

(Siehe Seite 58)

1
2
3
4
5
6
7
8

177.
Eins kann ein jeder sein, nur nicht der Tor,
Zwei kommt vor drei in Meiereien vor.
Das Ganze hat es faustdick hinterm Ohr.

178.
Während der Abergläubige sich vor ihm fürchtet, achtet ihn der Weise als sein bestes Gut.

179.
Vier Jahre bleibt er aus,
Dann kommt er nach Haus
Und zeigt sich dann wieder
Im Kreis seiner Brüder.

180.
Du findest es an jedem Kleid,
Mit c drin ist's voll Dunkelheit.

181.

Nun sage, wer kann:
Wie heißt dieser Mann?
Wenn er verschwindet,
Nur Fisch sich findet.

182.
Wer mich bekommt, der gibt mich wieder her,
Wer mich verliert, behält, was er besessen.
Wer mich gelernt, dem wird das Leben schwer.
Der aber weiß recht viel, der mich vergessen.

183.

Aus- verbraucht und An- berichtet,
Auf- wird gestellt und Ab- entrichtet.

184.

Ich kann vortrefflich malen
Und lasse fort kein Haar.
Das Bild ist fertig schon im Augenblick,
Wer außer mir hat solch Geschick?
Doch einen Fehler mach ich stets:
Verwechsle links und rechts – wer erräts?

185.

Sch überm Brot nach langer Frist,
H über allem, was irdisch ist.

186.

Vorwärts und zurück gelesen
Rennt das rätselhafte Wesen.

187.

Einer tut's und schafft dir eine Welt:
Mensch, Tier und Gras und Laub.
Ein andrer tut's, und ihm zerfällt
Das kleinste Körnchen gleich zu Staub.

188.

Ein Haus voller Essen
Und die Türe vergessen.

189.

u ist heiter, i gescheiter,
ä zuwider und so weiter.

190.

Die Hausfrau freut sich sehr daran,
Wenn sie's vom Kuchen sagen kann.
Der Eltern Herz ist dankerfüllt,
Wenn es für ihre Kinder gilt.
Ich fragt' in schwierigen Fällen an –
Da haben's Freunde mir getan.

Und die's mit diesem Rätsel taten,
Die haben richtig es geraten.

191.

Wenn ich in der Mitte steh,
Rechts ein e und links ein e,
Rage ich als stolzer Baum
Hoch empor in des Waldes Raum.

192.

193.

Es ist nur einer, den mein Rätsel meint,
Tritt noch ein k hinzu, dann ist auch er verneint.

194.

Was nimmt man, um Fische zu fangen,
Und bewegt's, um in die Stube zu gelangen?

195.

Die Zahl 8638 soll in vier Teilsummen zerlegt werden – allerdings dürfen diese nur mit Hilfe einer Ziffer gebildet werden.

196.

Wie kann ein Mensch zu zehn Augen kommen?

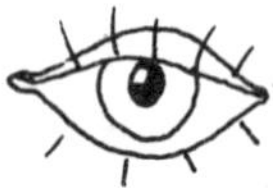

197.

ff pflegt zu tun, was andre vorgetan,
mm nahm sich einst der kleinen Kinder an,
ll sind zwar alle, doch nicht jedermann.

198.

Vom ersten frißt das zweite,
Das Ganze springt im ersten rum.
Nun ratet, liebe Leute,
Doch seht euch erst ein wenig um.
Schaut in die Scheune, in den Stall,
Und seht auch auf die Wiese hin,
Da hüpft etwas – nun lacht ihr all',
Und klar ist euch des Rätsels Sinn.

199.

Ein See, dessen Größe unbekannt und der im Durchschnitt 14 m tief ist, friert im Winter langsam zu. Setzen wir voraus, daß die Lufttemperatur konstant —12 °C beträgt, so läßt sich beobachten, daß sich die Eisfläche innerhalb von 24 Stunden exakt verdoppelt. Bekannt ist ferner, daß am zweiten Tag nach Einsetzen des Frostes 40 m^2 der Seeoberfläche zugefroren sind und daß der See nach 10 Tagen völlig vom Eis bedeckt ist. Kann man berechnen, wann 80 m^2 zugefroren sind?

200.

In einem Handarbeitsbuch findet sich folgende Anweisung für einen Scherenschnitt: Man nehme einen großen Bogen Zeitungspapier und falte ihn auf die Hälfte. Den halbierten Bogen falte man nochmals und so weiter, bis man den Bogen 20mal gefaltet hat. Nun schneide man einfach die vier Ecken ab und falte den Bogen wieder auseinander. Man erhält ein hübsches Muster. – Was stimmt an der Beschreibung nicht?

201.

Ohne Füße steig ich Stiegen,
Ohne Flügel kann ich fliegen,
Beißen kann ich ohne Zähne
Und erzeuge manche Träne.
Darum jagt mit viel Gebraus
Man mich meist zum Haus hinaus.
Nur der Fleischer mag zuzeiten
Mich in seiner Kammer leiden.
Schließlich aber ohne Lohn
Läßt auch er mich kalt davon.

202.

Im Wasser ist's und in der Erde,
Das Schaf hat's nicht, und doch die Herde.
Im Grünen ist's, doch nicht im Blauen,
Bei Mädchen nie, doch bei den Frauen.
Der König hat es nicht, doch seine Kron'.
Die Berge haben's, nie das Tal,
Der Zähler immer, nie die Zahl.
Bei Schiffern findet sich's, doch nie im Schiff,
Der Fels hat's nicht, doch wohl das Felsenriff.
Soldaten fehlt's, doch nie den Siegern,
Der Sparer hat's, doch nie der Geiz.
Der Schönheit fehlt's, doch nie dem Reiz.

203.

Welcher Abend fängt schon am Morgen an?

204.

An der Hand eins-zwei und auf dem Kopfe drei,
Das Ganze nützt bei Mutters Schneiderei.

205.

Ich traf's auf der Straße, es fror da sehr –
Ich wollt es erwärmen, da war's nicht mehr.

206.

1 2 3 4 – des Kindes Liebhaberei,
Jedoch ein Männertrank – 1 4 3 2.

207.

Welches Getränk ist am stärksten?

208.

Wie läßt sich dieser aus 12 Streichhölzern gebildete Stern in ein Zwölfeck verwandeln, das nur rechte Winkel besitzt?

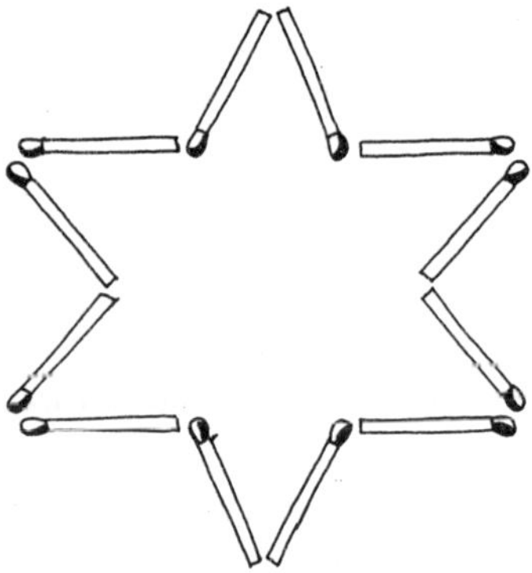

209.

Ihr wißt, Frühling und Sonne geben
Den Blumen erst ihr Leben.
Doch uns hat in kalter Winternacht
Der grimmige Frost zur Welt gebracht.
Wir können kurze Zeit nur prangen,
Denn wenn uns Licht und Wärme droht,
Ist unsre Herrlichkeit vergangen –
Wir weinen uns zu Tod.
Auch darf uns eine Hand nicht pflücken,
Wir vergehen, wenn uns Hände drücken.

210.

Auf seine Kühle im Sommer ist Verlaß,
Mittendrin versteckt sich ein altes Längenmaß.

211.

Vier Beine hab ich, um drauf zu stehn
Bei Tag und Nacht, daß jedermann
Auf mir der Ruhe pflegen kann.
Allein, soll ich vom Flecke gehn,
Muß ich nach 'nem Träger sehn.

212.

ie streben alle an, die etwas taugen,
ei hast du zweimal hier vor Augen.

213.

Befreie dich doch lieber nie
Aus schlimmen a durch ü.

214.

Es darf der ärmste Wicht
Sich an der ersten laben,
Doch an der zweiten nicht,
Die Könige nur haben.
Das Ganze wieder kann
Sich jeder selber machen,
Doch hängt er sehr daran,
So macht er andre lachen.

215.

Ich kenne ein Bäumchen gar fein und zart,
Das trägt viel Früchte von seltener Art.
Es funkelt und leuchtet mit hellem Schein
Weit in des Winters Nacht hinein.
Das sehen die Kinder und freuen sich sehr
Und pflücken vom Bäumchen und pflücken es leer.

216.

Zwei P, zwei U,
Zwei R dazu
Am rechten Ort –
Wie heißt das Wort?

217.

Mit is eine Stadt an der Ostsee, mit ei die Stadt des Deutschen Nationaltheaters.

218.

Man legt sie an, schreibt sich hinein.
Sie fristen ein oft geschmähtes Dasein,
Da ihre Länge nur Langeweile spendet.
Doch wenn ein Schlaukopf gegen uns sie wendet,
Dann sehn wir zu, daß wir ihn überlisten.

219.

N gibt's zu essen, P ist ein Tier,
R ist eine Gruppe – wer nennt sie mir?

220.

Du siehst ihn stets bei Sonnenschein,
Am Mittag ist er kurz und klein,
Er wächst bei Sonnenuntergang
Und wird gar wie ein Baum so lang.

221.

Es ist ein Gemüse, fein und zart,
Mit d dran ist Geld es, das man erspart.

222.

Die beiden ersten netzen Flur und Wiesen,
Erquicken dürres Feld und Land.
Die beiden letzten dienten schon zum Schießen,

Eh' man das Pulver noch erfand.
Das Ganze ist des Himmels schönste Pracht,
Blitzt heller Sonnenschein durch dunkler Wolken Nacht.

223.

224.

Vom ersten bis zum letzten Atemzug
Genießt du es und hast doch nicht genug.
Doch was ihm erst die Menschenwürde leiht
Für diese ganze lange Zeit,
Der Lohn und auch der höchste Sinn,
Zeigt es dir erst mit einem i darin.

225.

Wir sitzen auf zwei und wohnen unter eins,
Und auf dem Ganzen ruht, fest und sicher, wieder eins.

226.

In der Ecke bei der Hecke sitzt ein Tierchen klein,
Ist eine Katze und doch keine Katze – was kann's sein?

227.
Der Mond ist's, doch nicht die Sonne,
Der Mönch ist's, doch nicht die Nonne,
Die Hölle weder, noch der Himmel,
Der Rappe weder, noch der Schimmel,
Wohl aber ist's ein jeder Fuchs,
Und auch der Wolf, der Bär, der Luchs.

228.
Wir alle sind's, mit F voraus
Fängt's Mann und Maus.

229.
Es ist ein grimmiges Ungetier,
Das meist eine Prinzessin bewacht,
Streich einen Laut, so will es Rache dafür,
Also nimm dich in acht.

230.
Nur durch eins vernehmt ihr, was ich sage,
zwei und drei sind süß, ganz ohne Frage –
Man ißt sie gern am Weihnachtstage.
Doch die eins-zwei-drei zusammen nun gar
Hätt ich lieber überhaupt nicht im Jahr.

231.
Zwei kleine Zeichen zaubern dir
Aus 'nem Lokal ein wildes Tier.
Aus einer Bauernhütte, längst veraltet,
Wird ein Mädchenname gestaltet.
Aus 'ner Geschichte wunderbar
Wird nun ein Handwerkszeug sogar.

232.
Mit meiner Lage mach dich nur bekannt,
Doch ganz egal ist's umgewandt.

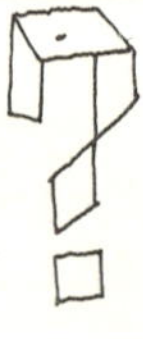

233.

Welche Vögel
hören am schlechtesten?

234.
Schon manches hab ich aufgegeben,
Und oft verstandet ihr mich nicht,
Und wieder tu ich's doch soeben
Mit diesem winzigen Gedicht.

235.
Man zieht zehn von zehn ab, und zehn bleiben übrig.
Wann stimmt die Rechnung?

236.
Hüpft bei gutem ersten irgendwo das zweite,
So mußt du das Ganze fragen,
Und es wird dir für die Näh' und Weite
Die Witterung am nächsten Tage sagen.

237.
Ein Messer kann nicht ohne sein,
Ein Schüler auch – er schreibt hinein.

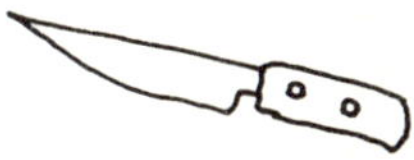

238.
Man schießt auf sie und sieht durch sie
Und hat sie doch auf seinem Knie.

239.
Wenn's in deinem Garten ist, so hast du eine Wiese,
Wenn's aber Menschen tun, so fliehe diese!

240.

1 sagt, wie man leben soll,
st ist allen Unrats voll.

241.

Aus 12 Streichhölzern vier Dreiecke zu legen ist einfach:

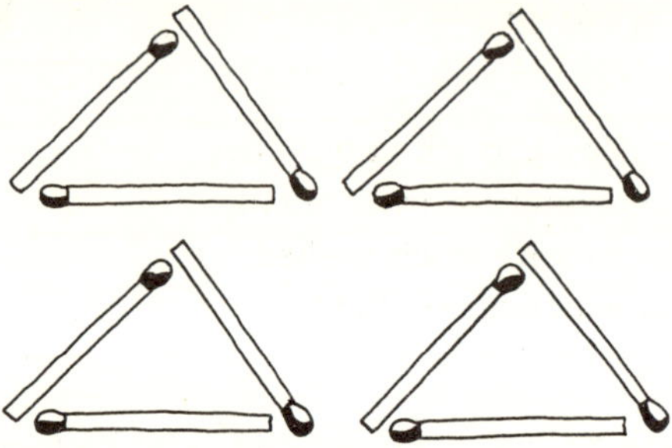

Wie aber kann man vier Dreiecke aus nur 9 Streichhölzern legen? Und wenn du das geschafft hast, versuche es einmal mit nur 6 Streichhölzern!

242.

Wer ist es, der in diesem Ton
Mit Recht zu seinem Sohne spricht?
Hör einmal zu, du bist mein Sohn,
Jedoch dein Vater bin ich nicht.

243.

Hast du schon diese Uhr gesehn?
Keine Räder hat sie und kann nicht gehn,
Es wird ihr Zeiger sich nicht drehn,
Doch kann man den Lauf der Stunden sehn.

244.

Ritt ein Männlein über Land,
Gewickelt und gewackelt,
Hat ein Kleid von lauter Tand,
Gezickelt und gezackelt.

245.

Mit O ist es ein grünes Fleckchen Land
Inmitten einer großen Menge Sand,

Mit V ist's ein Gefäß, dazu bestimmt,
Daß es den Blumenstrauß in Obhut nimmt.
Mit N trägt's eine Brille dann und wann,
Doch jeder weiß, daß es nicht sehen kann.
Mit H es im Besitz von Löffeln ist,
Obwohl man weiß, daß damit es nicht ißt.

246.

Wer hat es bequemer, der Kaffee oder der Tee?

247.

Dem Sprichwort nach ist sie 'ne Qual und tut weh –
Er jedoch lebt nur im Tran und schwimmt vergnügt in der See.

248.

Wo o durchs Land kommt, da ist Leben und Verkehr,
Wo e haust, Todesnot und Ängste ringsumher.

249.

Jedes der folgenden Wörter ist durch die Umstellung seiner Buchstaben in ein neues zu verwandeln. Die Anfangsbuchstaben der neuen Wörter ergeben ein bekanntes Sprichwort:
Nelke – Angel – Neider – Robe – Belag – Rune – Falte – Selma – Ampel – Blei – Hasenbein – Bilse – Rang – Braun – Gurt

250.

Mich siehst du nicht,
Doch fühlst du mich.
Du weißt, daß ich
Stets bin um dich.
Dein Leben kann ich
Dir nicht geben,
Doch kannst du ohne mich
Nicht leben.

251.

Der Brauer tut's – und im Gesicht
Da fehlt es ihm und andern nicht.

252.

Wie kann man bei dieser Schachaufgabe in einem Zug matt setzen?

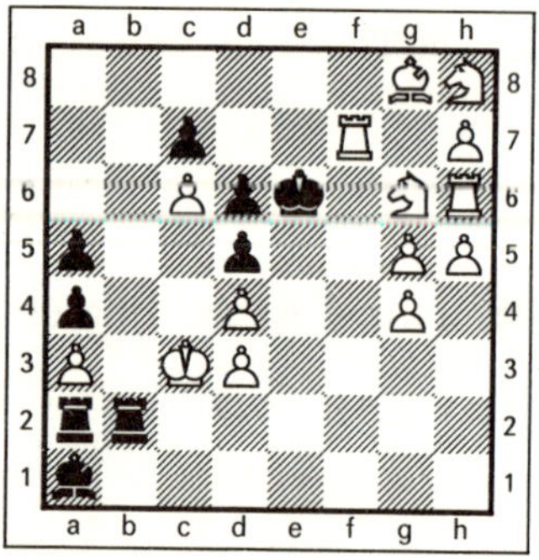

253.

g kommen vom Himmel, d aus dem Munde,
b wachsen in die Höh aus dunklem Grunde.

254.

In ihr ist es dunkel, drum nimm dich in acht,
Selbst wenn einen Laut du fortläßt, hast wieder du acht.

255.

Stumm sagt er dir Neuigkeiten auch,
Doch ohne einen leisen Hauch.
Wenn aber ihm ein Laut entfällt,
Dann ruft er, daß es gellt.

256.

ä gibt's im Deutschen von viererlei Art,
e sind glatt oder rauh, doch immer behaart,
a ist das Symbol für Hinterlist und Trug,
ü meint aus vollem Herzen: nun ist's genug.

257.

In den folgenden Wörtern sind die Silben eines bekannten Sprichwortes versteckt, auf das sich der letzte der Reihe aber besser nicht verlassen sollte:
Haushund – Schwurgericht – Beisteuer – Kleiderschrank – Freiwerber – Sterbetag – Hotelkoch

258.

Mich trägt die Sonne am Kopf,
Aber der Iltis am Schwanz,
In der Mitte bin ich beim Wiesel
Und wieder hinten bei der Gans.

259.

Hab 100 Augen, doch nicht am Kopf,
Bin im Gesang ein armer Tropf,
Ich mache Räder, doch nicht aus Holz,
Und alle sagen, ich sei stolz.
(Noten auf Seite 74)

260.

Du kannst es – brauchst nicht weit zu gehn –
An jedem Doppelfenster sehn,
Auch Vögel haben sie, doch nicht der Hase,
Ich seh sie auch an deiner Nase.

261.

1 2 3 4: er ist ein wildes Tier,
1 4 2 3: er hofft auf großes Gut,
4 1 2 3: sie liefert dir
Der Traube edles Blut.

262.

Die Summe zweier Zahlen soll doppelt so groß sein wie ihre (positive) Differenz. Ihr Produkt aber soll dreimal so groß wie ihre Summe sein. Um welche beiden Zahlen handelt es sich?

263.

Welcher Monat ist der kürzeste?

264.

Es rüttelt sich und schüttelt sich
Und macht ein Häufchen unter sich.

265.

Auf dem Markt hatte ein Bauer Gänse und Enten verkauft. Er war sehr zufrieden, denn er hatte 20 Tiere an den Mann gebracht und dafür 600 Mark bekommen. Als nun sein Nachbar von ihm wissen wollte, wie viele Enten und wie viele Gänse der Bauer denn wohl verkauft hätte, erhielt er zur Antwort, daß jede Ente 23 Mark, jede Gans aber 20 Mark mehr als eine Ente gekostet habe. Der Nachbar war mit der Auskunft zufrieden, denn nach kurzem Nachdenken hatte er die Lösung.

266.

Eine schmutzige und schwarze Pampe war's zuvor,
Jetzt unschuldig und weiß, da es den Kopf verlor.

267.

Wenn keiner deiner Sinne dir mehr dient,
Obgleich du lebst, allein dir unbewußt,
Bin ich's, der ungerufen sich erkühnt,
In deine Nacht sein Treiben einzuschalten.
Ich zeige dir, was nimmer du im Leben
So schön gesehn; ich kann dir alles geben,
Was du ersehnt, dich in den Himmel heben,
Doch meine Gaben, meine Bilder schweben
Wie Rauch davon; entwinden deine Sinne
Der Fesseln sich, so wird mich nichts mehr halten,
Und erst, wenn fort ich bin, wird es dir klar,
Welch lust'ger Freund zu Gast bei dir grad war.

268.

1 2 3 4 5 6: sie reift süß am Sonnenhange,
1 3 4 5 6 2: er schnäbelt gurrend auf der Stange.

269.

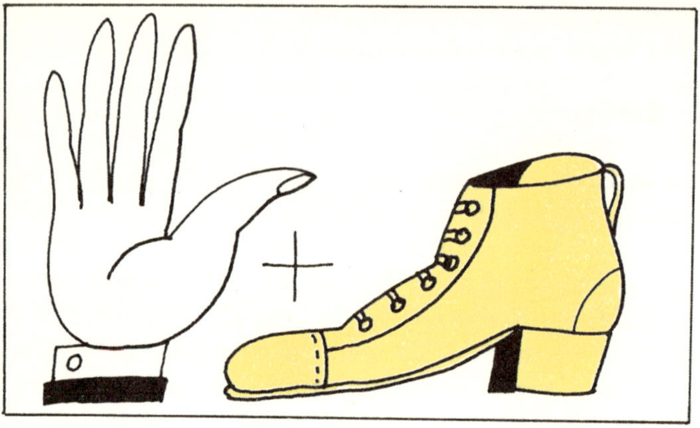

270.

Zwei Silben biet ich euch jetzt an,
Die nie es allen recht getan,
Die jeder anders haben will,
Die stets besprochen, aber dennoch nicht
Verlieren an Beifall und Gewicht.
Bald am Himmel sie zeigen sich,
Bald auch im Hause, wie wunderlich.

271.

Es liegt im Bett und geht doch in den See hinein,
Ein Laut hinzu, und es wird gar zum wilden Schwein.

272.

Ein Neger ist's, von dem hast du nur noch sein Ohr,
Wenn er einmal den Kopf verlor.

273.

1 2 3 4 5 2 6: die erschrecken und sind unsichtbar,
1 2 6 2 3 4 5: ist, wer weit herumgekommen,
4 5 2 3 1 2 6: und der ist sehr oft in die Erde gar
Hinabgestiegen und wieder heraufgeklommen.

274.

Wer nennt mit vier Buchstaben mir
Das Gegenteil von Zier?

275.

Wer über eins geht, kehrt bei zwei gern ein,
Denn eins-zwei schafft Nahrung, und zwei schenkt Wein.

276.

Ein Bauer hatte auf seinem Feld Erbsen ausgesät. Gerade war er fertig geworden, blickte über das Feld hin und sagte tiefsinnig:

Kommen sie,
So kommen sie nicht,
Kommen sie nicht,
So kommen sie.
Besser ist, sie kommen nicht
Und kommen,
Als daß sie kommen
Und nicht kommen.

Damit drehte sich der Bauer um und wollte nach Hause gehen, doch er erschrak, denn hinter ihm stand der König des Landes. Der hatte den Spruch mit angehört, aber nicht verstanden. Und er gebot dem Bauern, ihm zu sagen, was das bedeuten solle. Kaum hatte er des Rätsels Lösung erfahren, lachte er laut. Der König beschloß, diesen Spruch seinen Ratgebern zur Entschlüsselung vorzulegen, denn er wollte wissen, wie schlau diese wirklich wären. Auch wollte er möglichst vielen seiner Untertanen das Rätsel stellen und mit seinem Wissen prahlen. So befahl er dem Bauern, die Lösung niemandem zu verraten – zumindest nicht eher, als bis der Bauer seinen König wenigstens fünfzigmal gesehen hätte. Und nach der Meinung des Königs würde das bis in alle Ewigkeit nicht geschehen.

Die Ratgeber des Königs gerieten in große Nöte, als sie das Rätsel hörten, denn was sollte das sein, das kommt, wenn es nicht kommt. Doch bald fanden sie heraus, von wem der sonst gar nicht schlaue König sein Rätsel hatte. Die Ratgeber gingen zu dem Bauern und baten ihn, die Lösung zu nennen. Doch der hatte Angst vor der Strafe des Königs und sagte den Ratgebern nur, was dieser ihm geboten hatte. Er dürfe nichts verraten, bis er den König wenigstens fünfzigmal gesehen hätte. Flink drückte ihm da einer der Ratgeber einen Beutel mit 50 Goldstücken in die Hand – auf einem jeden war das Bildnis des Königs eingeprägt! Der Bauer überlegte nicht lange, denn jetzt konnte er sprechen.

Als man dem König nun die rechte Auflösung des seltsamen Spruches gab, war der zuerst erbost über die Schwatzhaftigkeit des Bauern, mußte aber dann doch lachend eingestehen, daß man ihn überlistet hatte. Und er gab dem Bauern die gleiche Menge Goldes noch einmal.

Seit der Zeit weiß man allerorten, daß die schlauen Bauern den Königen im Rätselraten über sind. Doch halt: Kannst du dir vorstellen, was der Bauer mit seinem Rätselspruch gemeint hat?

277.

Welche Leute hauen und welche stechen, werden aber dafür nicht bestraft?

278.

Auf einem l sehn wir die aus Stein Gemeißelten stehn,
Auf n kann ein jeder gehn.

279.

Ich bin ein sorgenloser Wicht.
Meine Eltern kenn ich nicht,
Denn sie zogen mich nicht groß –
Ihren Namen weiß ich bloß.
Ruf ihn laut durch jeden Wald.
Hab bei Fremden Aufenthalt.

280.

Kannst du herausfinden,
welches Plakat
zuerst angeklebt
wurde?

281.

Sie schmerzt, doch da tritt ein r hinzu und setzt
Die ganze Welt in Erstaunen jetzt.

282.

Eingeschlossen ist's in allen Kräften,
Eingegossen ist's in allen Säften,
Allen Kampf beendet es hienieden
Und beginnt die Freiheit und den Frieden.

283.

Ein einsilbig Wörtchen, wohlbekannt,
Dir hindernd oft im Wege stand.
Doch wird es auch als Schutz verwandt.
Mit „Auf“ wird's kein Verständ'ger machen,
Mit „Ein“ nur dann, wenn er die Sachen
Als nicht sehr lobenswert befand.
Mit „Vor“ wird's häufig angewendet,
Wo's mit dem Schein die Wahrheit schändet.

284.

o bei Mond und Schloß,
u am Rind und Roß.

285.

1: der hurtig durch die Lande weht,
2 3: der deine Turnsachen zusammenhält,
1 2 3: und der ist, wo er geht und steht,
Als Luftikus schon vorgestellt.

286.

K wächst im Garten, B im Haus heran,
K holt die Köchin, B ein junger Mann.

287.

An- sagt: da bin ich, Ab-: da komm ich her,
Aus- aber sagt dir: wie und was und wer.

288.

Will sehen, wer das weiß:
Es brennt und ist nicht heiß.

289.

Diese zwei, sie sind ein wunderlich Paar.
Sie vertragen sich freundlich, das ist wohl wahr.
Du siehst sie immer nur zusammen gehn
Und auch ganz stille beieinander stehn.

Doch haben sie all die Jahre lang
Noch kein Wort gesprochen auf ihrem Gang.

290.

Mit H eilt's,
Mit R weilt's,
Mit M nährt's,
Mit L beschwert's,
Mit M ragt's,
Mit G danke sagt's.

291.

Welcher Vogel hat weder Flügel noch Federn und Schnabel?

292.

Es saßen vierzehn Spatzen
Auf meines Nachbars Dach.
Der Jäger schoß danach,

Da fielen sieben Spatzen.
Nun sag, soll ich dich loben,
Wieviel noch sitzen droben?

293.

Schwanz ohne Schwanz – wer kennt
Den Vogel, der so sich nennt?

294.

Mein erstes ist nicht wenig,
Mein zweites ist nicht schwer,
Mein Ganzes läßt dich hoffen,
Doch hoffe nicht zu sehr.

295.

Wer ist's, der erst zum Recken wird,
Wenn er seinen Kopf verliert?

296.

Warum sollen Nordpolfahrer keine blauen Brillen tragen?

297.

Ein Kind der Sonne dort, des Truges hier,
Und ist doch weiter nichts als ein Papier.

298.

Aus jedem der folgenden Wörter ist ein Buchstabe herauszulösen – aneinandergereiht ergeben diese Buchstaben eine europäische Hauptstadt:
Aster – Tanne – Schuh – Eisen – Biene

299.

1 2 3 4: Körperteile sind es, die ich meine,
Die man braucht zum Gehn und Stehn.
1 4 3 2 4: so sind es keine,
Wie du leicht kannst sehn.

300.

Wer kann das sein? Er ist Glaser und Bäcker und Gärtner, Brückenbauer und Dachdecker – alles in einer Person.

301.

Was ist's? Ihr braucht nicht weit zu schweifen:
Man braucht es da und dort zum Pfeifen.
Man steckt es an, und es gibt Rauch,
Und an der Orgel ist es auch.

302.

Wie viele Möglichkeiten hat Weiß in dieser Schachaufgabe, um in einem Zug seinen Gegner matt zu setzen?

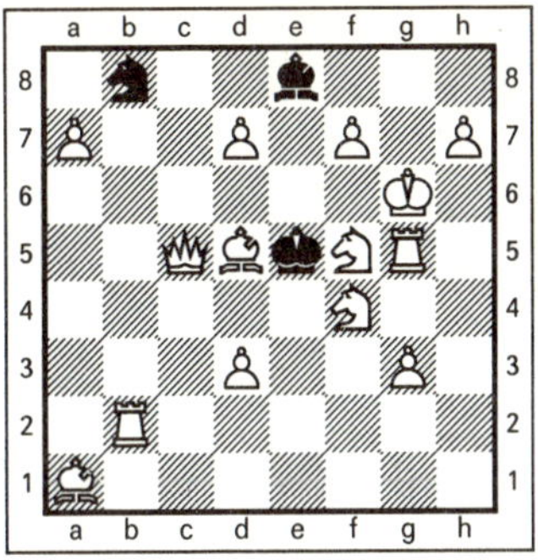

303.

L ist etwas und ist nichts, d – das widerstreitet,
Während ein perfekter K Wohlgeruch verbreitet.

304.

Zweisilbig ist mein Wort, es zeigen
Dir seine beiden Silben an
Die Art, in der der Kluge handelt
Nach einem wohldurchdachten Plan.
Vertausche diese beiden Silben,
Dann wird's ein Laut, der, stets erneut,
Den eil'gen Menschen, den säumigen Wanderer
Erinnert an den Schritt der Zeit.

305.

Als Form bin ich ganz kugelrund,
Durchscheinend, leicht und herrlich bunt.
Ein leiser Hauch läßt mich erstehen,
Ein schwacher Stoß läßt mich vergehen.

(Noten auf der Seite 84)

306.

Zwischen jener Sau und diesem Kraut steht er,
Und zum Teller aufs Eisbein geht er.

307.

Was besteht aus lauter Löchern und hält doch?

308.

Aus den folgenden Wettererscheinungen soll je ein Buchstabe herausgelöst werden. Diese Buchstaben ergeben etwas, das im Winter häufig anzutreffen ist.

Wasserhose – Blitzschlag – Hagel – Donner – Regen – Nebel

309.

Niemand und keiner
Gingen in ein leeres Haus.
Niemand ging heraus,
Keiner ging heraus –
Wer blieb nun noch drin?

310.

Nicht eines Jahres Gewalt
Widersteht's an der stämmigen Buche,
Das da im schwächsten Buch
Jahrhunderten zu trotzen vermag.

311.

Sie führen dich durch Flur und Tann,
Doch kopflos sind sie fade stets,
Und sind sie doppelt kopflos dann,
Fort aus der trauten Heimat geht's.

312.

Welche Krankheit war noch in keinem Land zu finden?

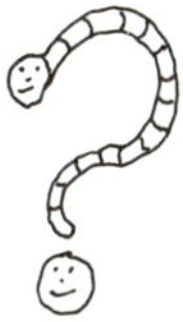

313.

Was ist das für ein Diebsgesell?
Er geht auf Nachbars Acker aus,
Stopft voll sich beide Taschen schnell
Und trägt's ganz wohlgemut nach Haus.
Da packt er's aus, als wär's das Seine,
Legt eins zum andern in die Scheune.
Die Scheune liegt in des Ackers Grund,
Die Taschen hat er in dem Mund.

314.

Welche Leser können nur im Herbst lesen?

315.

Nur kleine Dinge sind's, doch voller Leben,
Ein Laut davor, und süße Töne beben,
Noch ein Sch dazu, und das Ganze deckt im Nu
Geheimnisvoll dir alles zu.
Flink nimmst du dann den Schleier weg – doch nein,
Jetzt blickst du wirklich in nichts hinein.

316.

Wie heißt mein Wörtchen, wie?
Wer's jetzt nicht weiß, erfährt es nie!

317.

S verbindet, B zerstückt,
K zerspaltet, T ist Stück.

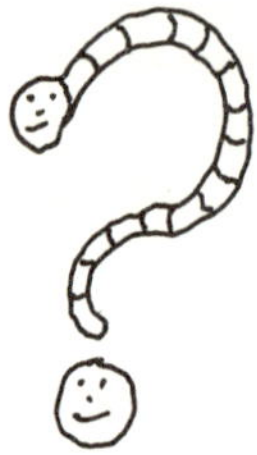

318.

Federn hat's und fliegt doch nicht,
Beine hat's und läuft doch nicht,
Steht nur immer mäuschenstill,
Weiter nichts als Ruhe will –
Aber nicht die seine,
Sondern allein die deine.
Was kann das sein, das ich da meine?

319.

Wer kommt von euch allen dem Rätsel auf die Spur?
Es ist zweimal in 5 enthalten, in 12 doch einmal nur.

320.

Wer geht den ganzen Tag wohl fort
Und bleibt doch stets an seinem Ort?
Wer tut uns jedesmal was Neues kund
Und hat doch weder Zunge noch Mund?
Wer kann ganz richtig zählen und messen
Und hat doch in keiner Schule gesessen?
Es ist auch weder Frau noch Mann –
Nun rate, wer das alles kann!

321.

Es ist nicht das Nachtlicht, es leuchtet prächtig,
Mit einem l darin jedoch ist's klein und räuchert mächtig.

322.

323.
Ein Doktor hat ein Ei gefangen –
Wie zählt man das zusammen?

324.
Es gingen zwei Väter und zwei Söhne übers Feld und fanden drei Äpfel und teilten sie so, daß jeder einen ganzen erhielt. Wie war das möglich?

325.
Vier Personen spielen die ganze Nacht miteinander, und als sie aufhören, hat jeder von ihnen gewonnen. Wie läßt sich das erklären?

326.
M noch so klein, T noch so fein –
Die sticht in die Haut und die ins Herz hinein.

327.

Es ist kein Raum auf der ganzen Erde,
Wo es nicht mag gefunden werden.
In allen irdischen Gestalten,
In Meeres Grund, in Berges Spalten,
Im Gras wie in der stolzen Zeder,
In Haar und Feder steckt's, es kennt ein jeder –
Doch ist es nicht sonderbar?
In Asien fehlt es ganz und gar!

328.

Was dir der Krämer gibt von vorn, im Augenblick
Gibst du von hinten ihm zurück.

329.

Man sieht uns Brüder stets zu zwein
In Wettstreit und Gemeinschaft wandern.
Ein jeder will der erste sein,
Doch kommt er ohne den andern
Nicht allzu weit, muß sogar warten eine kurze Frist,
Bis der andere wieder bei ihm ist,
Läßt jenen dann sogar ein Stückchen noch voran,
Doch überholt er ihn erneut sodann.

330.

Was für Rosen stecken nicht im Busch, aber in Hosen?

331.

Aus den folgenden Wetterangaben soll je ein Buchstabe herausgelöst werden. Diese Buchstaben bilden dann einen zu diesem Wetter passenden Monatsnamen.
Hagel – Regentropfen – trübe – Sonnenschein – veränderlich

332.

Wie kann man die Zahl 16 so in drei Teile zerlegen, daß die Teilsummen gleich groß werden, wenn man von der ersten Summe 2 subtrahiert, die zweite mit 2 multipliziert und die dritte durch 2 dividiert?

333.

Es trägt seinen Herrn und wird von seinem Herrn getragen.

334.

Wer hat Augen,
die zum Fliegen taugen?

335.

Wie kann man die Zahl 15 so in drei Teile zerlegen, daß die Teilsummen gleich groß werden, wenn man zur ersten Summe 2 addiert, von der zweiten 2 subtrahiert und die dritte mit 2 multipliziert?

336.

Das erste liegt vor deinen Augen hier,
Ein eitles Nichts besagt das zweite dir.
Das Ganze strengst du an, um zu finden,
Was beides sei und wie sie sich verbinden.

337.

Hat es ein e, sieht man's am Himmel stehn,
Mit i dagegen ist's am Kopf zu sehn.

338.

Auf vier Dreien laufen eins-zwei
Über Berg und Tal –
Wer das feige Ganze sei?
Rat doch mal!

339.

Es brauchen sie die Bogenschützen,
Ein r dazu, dann sind's der Halle Stützen.

340.

Wie viele Würfel sind hier abgebildet?

341.

1 2 hat jede Stadt,
2 1 , wer eine Wohnung hat.

342.

Es ist an jedem Menschenbeine,
Doch sieh! –
Entfällt ein Laut ihm vorne, nie
Wirst du erraten, was ich meine.

343.

Mit W ein Schiff ohne Besatzung, verlassen vom Glück,
Mit F ein schwarzbeschwänztes Kleidungsstück.

344.

l weist den Weg der Eisenbahn,
n zeigt Felsgestein dir an,
Und mit r ist es ein alter Mann.

345.

Mögen neue e bestens kehren
Und sich alte a vom Schwatzen bekehren,
Auch sollen sich alle ö zum Kuckuck scheren.

346.

Ich bin auf dunklem Weg
Dem Reisenden ein Führer,
Sprichst du mich anders aus,
So tut's der Tapezierer.

347.

Es ist Geheimnis, Rätsel, Hexerei,
Du kommst nie recht dahinter, was es sei.
Doch einen Laut nur tilge aus dem Wort,
Und schon ist dieser ganze Zauber fort –
Nichts verbleibt als ein Gerät,
Mit dem man Wasser holen geht.

348.

Wer's hat, besitzt davon ein Paar,
Und mancher trägt wohl viere gar.
Doch neulich kam ich in ein Haus –
Es zog gerade jemand aus –,
Da sah vier Männer ich erscheinen,
Die trugen alle vier nur einen.

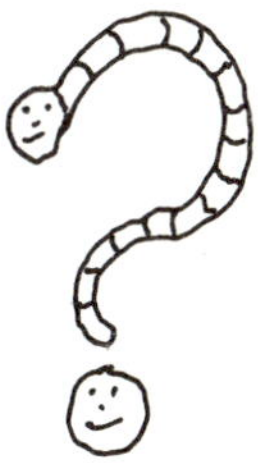

349.

Was für ein Armer wird gehängt,
Damit man einen andern fängt?

350.

1 2 3 4 5: sie schmerzt an Füßen und an Händen,
4 3 2 1 5: sie kann oft große Schmerzen enden.

351.

Wenn die Natur im Feierkleid
Hold prangte rings zur Frühjahrszeit,
Hat oftmals mich sein Duft berauscht.
Und gern hab ich gelauscht –
Ist kopflos er gemacht – dem süßen Schall,
Gesungen von Frau Nachtigall.

352.

Der Arzt verlangt, daß man es gegen Grippe tut,
Ein sch davor, und es gibt immer böses Blut.

353.

Der hört auf keinen guten Rat,
Läßt blenden sich vom Schein.
Das in der Regel zwei Flügel hat,
Es läßt Mensch und Fahrzeug ein.
Der prahlt und wird oft angeführt,
Das knarrt und wird deshalb geschmiert.
Wird kein Artikel angewandt,
Ist's aus deutscher Sage dir bekannt
Als einer, der gewaltig tobt
Und seines Hammers Kraft erprobt.

354.

Die Zahlen in dem Quadrat sind so durch Buchstaben zu ersetzen, daß sich von links nach rechts und von oben nach unten gelesen Wörter folgender Bedeutung ergeben:

1. Hauptstadt eines sozialistischen Landes,
2. ein großer Vogel mit schwarzem Gefieder,
3. ein Wort, das Widerspruch anmeldet,
4. Stadt in Thüringen.

1	2	3	4
2	3	5	6
3	5	6	2
4	6	2	3

Gleiche Zahlen bedeuten gleiche Buchstaben.

355.

Inmitten steht es aller Sonnen,
Was morgen schloß und nachts begonnen.

356.

Aus mir kommt guter Käse – den müßt ihr rasch aufessen,
Denn andersrum gelesen, werd ich ihn selber fressen!

357.

Z: kreuz und quer, Tr: ein Spiel,
Schn: spaßhafter Reden viel.

358.

Einst in Menschengestalt sang ich bezaubernde Lieder,
Jetzt als totes Gerät heul ich im Nebel auf und nieder.

359.

Es tut's so mancher Musikus,
Zur Pein uns oder zum Genuß.
Der Wind versteht's aus dem Effeff
Und ruft: „Hut ab, wenn ich dich treff!"
Am wundgelaufnen Fuß, an fleiß'ger Hand
Und auch am Kochtopf ich es fand.

360.

Wer läuft mit dem Schnellsten um die Wette
Und liegt doch zur selben Zeit in seinem Bette?
Wer ist bald hier und ist bald dort
Und bleibt doch stets am selben Ort?

361.

362.

Eins und Zwei
Viel Tausende gibt es von diesen,
Man faßt und begreift es kaum.
Sie schweben – das ist bewiesen –
Im unermeßlichen Raum.
Drei
Dies ist ein täuschender Gesell,
Er narrt gar gern die Leute.
Glaubt dem Schelm nur nicht zu schnell,
Er täuscht oft sehr – sogar Gescheite.
Das Ganze
Es weckt die Pflanze, zieht hervor die Blüte,
Es ruft die Früchte in Garten und Feld.
Wo es erscheint, versteckt man die warmen Hüte,
Es belebt und macht freundlich die ganze Welt.

363.

Die ersten zum Katzengeschlechte gehören,
Sie sind unsrer Mieze erlauchte Vettern.
Doch würde es sehr unsere Ruhe stören,

Beliebte es ihnen, auf unser Dach zu klettern.
Die letzte begrüßen wir alle mit Weinen
Und heißen sie später mit Schmerzen oft gehn.
Und siehst du im Garten das Ganze erscheinen,
Trägt's bald viele Samen, läßt du sie da stehn.

364.

Blick nieder:
Da siehst du fünf Brüder.
Der erste und dickste hat am meisten zu tun,
Man läßt bei Tage sehr selten ihn ruhn.
Der zweite ist auch von munterem Sinn,
Wo was Neues passiert, da zeigt er gleich hin.
Der dritte und längste hat an seine Brüder die Bitte:
Beschützt mich nur wohl in eurer Mitte!
Der vierte verfällt ganz materiellen Interessen
Und ist auf goldnen Schmuck sehr versessen.
Der kleinste hat Glück – was seine Brüder auch treiben,
In der Mehrzahl der Fälle darf in Ruhe er bleiben.

365.

1 2: man liebt sie wie sein Fleisch und Blut,
3 4: man drückt, man tritt sie mit den Füßen.
1 2 3 4: jeder hat sie einmal tragen müssen.

366.

Er öffnet uns fremder Länder Tor
Und macht uns Spaß, mit einem S davor.

367.

Ein Pflänzchen ist's, man gewinnt draus Wein,
Doch umgestülpt wird's gleich ein Schwein.

368.

Will man vieles von mir haben,
Muß man mich zuvor begraben.

369.

K hoch überm Tal,
P in Kindesarm,
S beim Mittagsmahl –
Schmeckt am besten warm.

370.

Wo eine s ist, bleibt es für 'ne Weile stumm,
Wo eine k ertönt, da klingt es: bumm, bumm, bumm.

371.

1 2: sie brechen an mit Glanz; 3: er liebt die Nacht.
1 2 3: er hat sich um die teure Zeit gebracht.

372.

Ich bin zwar nur ein Zwerg,
Doch heb ich einen Berg.

373.

Es ist ein Riesenbuch, das niemals endet,
Auf dem sich Blatt um Blatt von selber wendet.
Es ist ein Feld, in das kein Korn gesenkt
Und das doch reiche Frucht dem Menschen schenkt.
Es ist ein Zauberschloß, grün und flach bedacht,
An Schätzen reich, von stummem Volk bewacht.
Es ist ein Roß, das mit dem Reiter ringt,
Das ihn vom Sattel schleudert und verschlingt.

374.

S muß dem Reiter dienen,
D dem hungrigen Beduinen.

375.

Er singt, was ihn erfreut und was er leidet,
Bald leis, bald stark,
Ein n heraus und siehe da: er schneidet
Dem Holz direkt ins Mark.

376.

Heiß bin ich, wenn ich bleibe ganz.
Doch kürzt man mich mit Gewalt
Um meinen Kopf und meinen Schwanz,
Gleich werde hart ich dann und kalt.

377.

Eins steht und fällt mit seinem Baum,
Zwei kommt und geht, wird vorher eingeladen.
Das Ganze sieht man oft im Schankraum,
Man kann ihm Treue zum Lokal nachsagen.

378.

Da steht sie, und du zielst nach ihr,
Doch wenn sie ihren Kopf verliert,
Dann steht ein Nadelbaum vor dir,
In den sie schnell verwandelt wird.

379.

Auf dem Schnabel läuft's,
Schwarze Farbe säuft's,
Viel Tausenden verdient's das Brot;
Kannst gut mit ihm umgehn, so hat's keine Not.

380.

In dieser Stellung scheint ein Matt in einem Zug durch Weiß nicht möglich zu sein. Doch hat sich in das Diagramm ein offensichtlicher Fehler eingeschlichen. Korrigiere den Fehler. Jetzt müßte das einzügige Matt möglich sein.

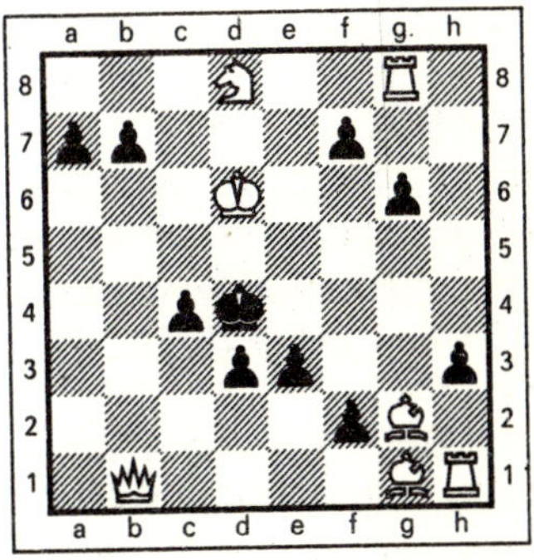

381.

Ich weiß ein buntbemaltes Haus,
Ein Tier mit Hörnern schaut heraus.
Das nimmt bei jedem Schritt und Tritt
Sein Häuschen auf dem Rücken mit.
Doch rührst du an die Hörner fein,
Schlüpft es geschwind ins Haus hinein.
Was für ein Häuschen mag das sein?

382.

Auf der Wiese fährt's in Heu und Gras,
Auf dem Tische liegt's bei Teller und Glas.
Oft im Schmutze steckt's in Misthaufen und Stall,
Oft im Ohr erweckt's den feinsten Schall.

383.

Es steht im Stall, ist weder groß noch klein,
Mit einem l darin sinke täglich ich hinein.

384.

Wer weiß,
Was ist eine Geiß?
Wird ein Schwanz ihr zugedichtet,
Steigt sie aufs Dach, wird dort geschichtet
Und streckt von dort recht munter
Ihr Zünglein ziegelrot herunter.

385.

Mit o siehst du es auf dem Meer,
Mit e gehn sie oft kreuz und quer,
Mit ie ist's eine Ruhestatt,
Mit aa es jeder Kaufmann hat.

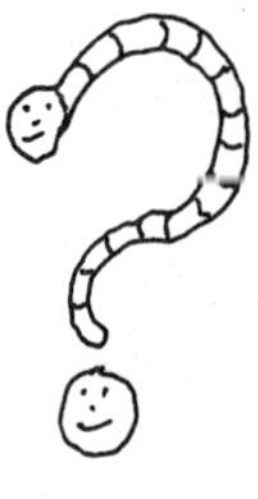

386.

r fällt vom Mond auf Flur und Haus,
l sprengt mit dem Reiter zum Tor hinaus.

387.

eu tun Schakale, Wölfe und die Bernhardiner,
ei (hoffentlich) die Mediziner.

388.

H ist ein Geflügel, wohlbekannt,
K ist im Wasser, B auf dem Land,
W ist nur der bloße Unverstand.

389.

Wo nichts ist, ist doch Ö,
Wie der Witz von dummen Geistern,
Es singt und klingt die O,
Vorgetragen von Sangesmeistern.

390.

Er ist mein Freund, besucht mich alle Tage,
Betrübt bin ich, bleibt er gar einmal fort.
Und doch, wieviel ich auch von ihm euch sage,
Zu mir selbst spricht er kein einz'ges Wort.
Mich selbst und alles um mich her vergeß ich
Mit ihm, im Flug entschwindet mir die Zeit.
An seiner kundigen Geisterhand durchmeß ich
Das All – da ist kein Ort, der mir zu weit.
Doch: selbst wenn er mir die ganze Welt erhelle,
Er selber liebt es nicht, das helle Licht,
Es drängt ihn fort, er steht schon auf der Schwelle,
Streift nur ein Sonnenstrahl mein Angesicht.

391.

Wann ist die Behauptung eines Dummen der eines Klugen vorzuziehen?

392.

b findet stets sich bei Vereinen,
Oft auch in des Arztes Hand,
st wo Wissen gilt, nicht Meinen,
Und wo ein Rätsel wird erkannt.

393.

Er läßt sich stets nur nach dem Essen sehn,
Mit t dazu sieht man ihn vor dem Bette stehn.

394.

Welche der Abbildungen sind gleich?

395.

Ich habe ein Bett und schlafe doch nicht,
Lauf und Mündung hab ich und schieße doch nicht.
Ich eile nur vorwärts und niemals zurück.
Es sucht mich vergebens in der Wüste dein Blick.
Auf einer Karte kannst du mich sehn,
Du darfst's nur nicht als Spielkarte verstehn.
Mein Vater – ein Berg, meine Mutter – die See,
Zur Mutter eil ich hinab von der Höh.
Meine Brüder kommen und machen mich groß,
Doch schließlich vergehe ich in der Mutter Schoß.

396.

Mit D sucht es der Jäger auf,
Mit L lebt es im Wasserlauf.
Mit S ein Schuster, versbegabt,
Mit W die Flamme daran nagt.

397.

Es ist ein Bruch, davor ein W,
Dann hört ihr's rufen aus dem Klee.
Mit Sch jedoch birgt's allerhand:
Streichhölzer, Hüte und viel Tand.

398.

Ob Substantiv, ob Verb ich bin,
So liegt doch stets ein Tadel in mir drin.
Auch bin ich eine schöne Insel,
Gemalt oft von des Künstlers Pinsel.

399.

Ich kenn euch: ein Geschwisterpaar,
So ungleich, wie noch keines war.
Stets hell des Bruders Angesicht,
Sein Auge strahlend Glanz und Licht.
Die Schwester zeigt nur düstre Mienen,
Bedeckt mit einem schwarzen Flor,
Naht sie sich immer, gleich 'nem Mohr.
Auch sind sie nie vereint erschienen;
Wenn sie sich zeigt, dann fliehet er,
Und wenn er nahet, flieht sie wieder –
Denn niemals waren zwei Gemüter
So ungleich sich als sie und er.
Er liebt an Farben nur das Helle,
Sie ziehet stets das Düstre vor.
Und doch, so wunderbar dies scheint,
Nach ewigen Naturgesetzen
Sind sie aufs innigste vereint.

400.

Die in der ersten Reihe der Figur stehenden Ziffern sind auch in die anderen Reihen einzutragen, und zwar so, daß die Summe der waagerechten und senkrechten Reihen sowie der beiden Diagonalen immer 24 ist:

7	5	9	3

401.

Z ist ein Pelztier, des Iltis' Vetter,
H ist ein Werkzeug und bearbeitet Bretter.

402.

Eins schützt dich vor dem Feind,
Zwei-drei birgt jede Stadt.
An eins-zwei-drei, vereint,
Lachst du dich richtig satt.

403.

Das sieht ein jeder sonnenklar:
Mit n ist's falsch, mit r ist's wahr.

404.

Er schwimmt vergnügt im Fluß dahin,
Kommt er dazu, dann fängt er ihn.

405.

Ich bin ein hölzern Männchen,
Hab einen roten Kopf,
Und streicht man mir das Köpfchen,
Wird hell der ganze Schopf.

406.

Verschwindet es aus dem Gesicht,
Dann liebt man's nicht.

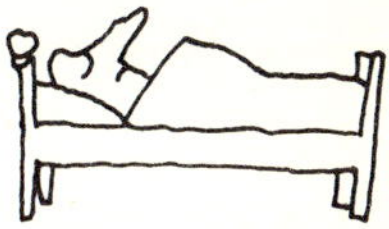

407.

Wenn jemand nachts aus dem Bett fällt, gegen was fällt er da?

408.

Was wächst am Wegrand?

409.

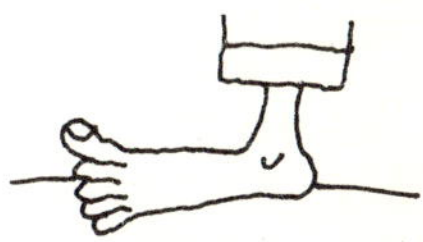

An den Füßen hat's ein jeder Tropf,
Aber nur der Dichter hat's im Kopf.

410.

t kommt in wackligem Lauf,
Mit d hört immer alles auf.

411.

Wenn man jedem der folgenden Wörter drei aufeinanderfolgende Buchstaben entnimmt und sie aneinanderreiht,

erhält man ein Sprichwort, das auch für Rätsellöser Bedeutung hat:
Beresina – Mastkorb – Steinpilz – Ameise – Schwester – Webervogel – Damhirsch – Immergrün – Algen – Turmfalke – Flensburg

412.

Wer geht oft genug zugrund
Und bleibt doch fischgesund?

413.

Wer es macht, der sagt es nicht,
Wer es nimmt, der kennt es nicht.
Wer es kennt, der will es nicht.

414.

Was ist das für ein Kind, das nie zum Mann werden wird?

415.

Wie kann man 136 Personen in einem Pkw fahren?

416.

Einsilbig bin ich von Natur,
Du brauchst mich gar nicht häufig,
Mit vorgestellten Silben nur
Bin ich dir sehr geläufig:
Mit „Aus“ hast du mich schon erklommen
Und bist mit „Ein“ zu mir gekommen,
Mit „Vor“ bin sehr ich zu empfehlen,
Mit „Nach“ brauch mich bei fremdem Fehlen,
Mit „Ab“ kann gut und bös ich sein,
Mit „Über“ geb ich Klarheit dir allein,
Mit „Rück“ ein guter Mensch mich nimmt,
Mit „An“ werd oft ich umgestimmt.

417.

B murmelt und fließt und mündet meist in einen Fluß,
D deckt und beschirmt dich, Sch bereitet Genuß.

418.

Du mußt es geben, soll ich dir was sagen,
Und täglich zweimal muß die Uhr es schlagen.

419.

Wenn zwei Brüder zusammen 11 Jahre alt sind und der eine 10 Jahre älter als der andere ist – wie alt sind die beiden?

420.

Es ist ein jeder Mann, und viele haben es.
Wenn man es hat, dann über der Schulter.
Man hat es, damit etwas anderes nicht verschwindet.
Wenn das andere verschwände, wäre man es nicht mehr.

421.

Zwei Brüder haben von ihrem Vater ein viereckiges Stück Feld geerbt. Sie teilen das Feld so, daß jedes Teilstück so lang und so breit ist wie das ganze Feld. Wie ist das möglich?

422.

Zweierlei ist's und doch nur eins:
Einer gab Geld und hatte keins.

423.

Wenn du ein ängstlicher a bist, so –
Fällt dir leicht das Herz in die o.

424.

H weiß von keiner R, fest bindet B,
Zur L wird jeder, der zu lange G.

425.

Es eint und heilt, was klafft und was versehrt,
Es hilft dem Buch, daß es sein Leben fristet.
Was daraus geht, ist nicht mehr sehr viel wert,
Und wer darauf geht, der wird überlistet.

426.

Von diesen 21 Ziffern sollen 11 gestrichen werden, so daß die Summe aller übriggebliebenen 62 ergibt:

3 3 3 3 3 3 3
5 5 5 5 5 5 5
8 8 8 8 8 8 8

427.

Sie ist wie eine grüne Halle,
Doch ohne Ende ist es alle.

428.

Bekanntes in Geheimschrift

Eine Geheimschrift zu erfinden ist gar nicht so schwer. Schwerer ist es schon, eine solche Geheimschrift zu entschlüsseln. Doch probiere es aus. Die hier zu erratenden kurzen Sätze sind nach einer einfachen Methode verschlüsselt. Man schreibt das Alphabet in einer Reihe, Buchstabe für Buchstabe nebeneinander, auf. Darunter schreibt man es gleich noch einmal, allerdings verschiebt man die ganze Reihe etwas, so daß z. B. unter dem i der ersten Reihe das a der zweiten Reihe steht. Will man nun das Wort „ist“ verschlüsseln, so tauscht man einfach jeden Buchstaben des Wortes gegen den in der zweiten Reihe darunterstehenden aus. Aus „ist“ wird auf diese Weise „akl“. (Da in unserem Beispiel den Buchstaben a bis h kein neuer Buchstabe zugeordnet wurde, muß man, um auch diese verschlüsseln zu können, in der oberen Reihe nach dem z wieder mit a das Alphabet von vorn beginnen.)

Die Entschlüsselung einer solchen Geheimschrift geht umgekehrt. Man muß versuchen, einen Buchstaben rückzuübersetzen, und kann dann das restliche Geheimschriftalphabet einfach zuordnen. Bis dahin aber hilft nur raten und probieren. Aber man kann sich die Aufgabe durch einige Überlegungen erleichtern. Hier ein paar Tips: Bei sehr kurzen Wörtern gibt es nicht allzu viele Möglichkeiten der Buchstabenkombination. Suche nach häufig auftretenden Buchstaben und Buchstabengruppen in der Geheimschrift – denn Vokale werden im Deutschen sehr häufig gebraucht, um Konsonanten voneinander zu trennen, das e ist geradezu unentbehrlich, häufige Buchstabengruppen könnten z. B. ch oder sch bedeuten, drei verbundene Buchstaben entpuppen sich oft als Artikel, und schließlich deuten Einzelworte unter dem Geheimtext auf eine Grußformel oder einen Namen als Unterschrift.

Versuche die folgenden fünf Sprichwörter zu entschlüsseln, die natürlich alle in einer anderen Geheimschrift wiedergegeben sind.

a) Chdrdr vzq cdq dqrsd Rsqdhbg, cnbg cdq yvdhsd enkfs rnfkdhbg. (Atrbg)
b) Ziive zjk dvejtyczty.
c) Gkng okv Ygkng.
d) Sg wffh rsf Asbgqv, gczobu' sf ghfsph. (Ucshvs)
e) Uot iquee, pmee uot zuotfe iquee. (Eawdmfqe)

429.

Zornbebend und mit geballter Faust schreitet einher das Wort. Als Forscher und Sammler märchenhafter Schätze steht vor dir das Brüderpaar.

430.

Nur eine Silbe muß heran:
Flügel hat's am Leib.
Mit einem a ist es ein Mann,
Mit einem u ist's dessen Weib.

431.

Ich bin kein Baum und doch an Blättern reich;
Geschichten und Rätsel bringe ich euch.

432.

Es liest das Wort sich völlig gleich
Von vorne wie von hinten.
Zwar pflegt's aus der Natur Bereich
Zeitweilig zu verschwinden –
In eurer Börse wünsch ich euch
Es aber nie zu finden.

433.

Sie weint, weil sie das Teuerste verlor –
Sie erklingt und sie entzückt das Ohr –
Er spricht – ihm widerspricht allein der Tor.

434.

Er steht voran in jedem Verband,
Sie steht am Baum und an der Wand,
Auch unter Noten ich sie fand.

435.

N ist zumeist, was F enthält,
H ist es, was die Welt vergällt,
P braucht, wer in ferne Länder zieht,
B gehört zu einem tief gesung'nen Lied.

436.

Was kann man jeden Abend beobachten?

gg

437.

Wer ist eines Vaters Kind, einer Mutter Kind und doch keines Menschen Sohn?

438.

Ich hab einen Hals, ich hab einen Bauch,
Aber keinen Kopf und kein Bein, o Graus!
Und kann ich selber nicht laufen auch,
So läuft es doch aus mir heraus.

439.

Steh ich vor dir,
So freust du dich.
Stehst du vor mir,
So scheust du mich.

Steh ich vor dir,
So nährst du dich.
Stehst du vor mir,
So wehrst du dich.

440.

Vom Zweige pflückt – im Auge hütet man's,
Dem schnellsten Schimmel zwar vorangehn kann's,
Allein auf Zank folgt's immer hinterdrein,
Das Paradies muß seine Heimat sein.

441.

Sechs Grad Kälte: schnell, wie auf Schwingen,
Gleitet über die erste leise
Ein Gefährt; wir hören erklingen
Hell der letzten fröhliche Weise.
Sechs Grad Wärme: bei Sonnenglanze
Wagt sich hervor das zarte Ganze.
Gleich der ersten leuchtet sein Kleid,
Von den letzten die Form es leiht.

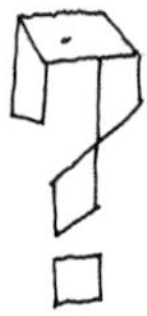

442.

Ein Ding, von dem dies Wörtchen gilt,
Hat unbedingt der Spitzen drei,
Ob nun ein Dach, Stein oder Schild,
Ein Lineal, ein Hut es sei.
Doch nimmt man ein Ei aus der Mitte heraus,
Dann sieht das Ding ganz anders aus.
Von Reinlichkeit ist keine Spur,
Schmutzig ist's im höchsten Grade nur.

443.

Wer ungeschickt in sie hineinfällt in den Gassen,
Der muß von Spöttern sich's mit n gefallen lassen.

444.

Mit welcher Zahl wird euch genannt
Ein Mädchen aus dem Feenland?

445.

Wie kann man mit nur 5 Linien 8 Dreiecke zeichnen?

446.

Sag an, wie man es nennt,
Es bläst und hat kein Instrument,
Es heult, ist doch kein wildes Tier,
Du siehst es nicht, und doch ist's hier.

(Noten auf der Seite 111)

447.

Man ist ihm gern ein freundlich Wirt,
Doch auf die Dauer kaum.
Denn wenn der seinen Kopf verliert,
Hängt er sogleich am nächsten Baum.

448.

Welche Vögel – es kennt sie ein jeder –
Haben weder Schnabel noch Feder?
Hör ich den ersten, so schauert es mich,
Hör ich den zweiten, so dauert er mich,
Aber öffnet der dritte den Mund,
Lacht sich ein Kranker schier gesund.

449.

u nimmt den e aufs Korn,
Dann packt sie ihn von vorn
Und wirft ihn um mit aller Kraft,
Und wenn sie das neunmal geschafft,
So jubelt man ihr zu –
Das rätst du doch im Nu!

450.

Über Berge bin ich heut gefahren,
Die so platt wie Flundern waren,
Habe Städte und Dörfer angesehn,
Wo weder Menschen noch Tiere gehn,
Habe kein Schiff und keine Brücke genommen
Und bin über Flüsse doch trocken gekommen,
Habe ferne Länder gesehn –
Und blieb doch zu Hause: wer kann das verstehn?

451.

Es wandert ohne Rast und Ruh
Im Kreis herum dem Ziele zu.
Hat's immer und hat's nie erreicht,
Obwohl's aus seiner Bahn nie weicht.
Dem Trägen läuft es stets zu träg,
Dem Fleißigen zu schnell hinweg.

452.

Was springt so jung auf der Weide umher,
Was macht eine leere Kanne voll und schwer?

453.

Die Zahlen von 1 bis 7 sind je siebenmal in die Felder des Quadrates einzutragen, so daß in jeder waagerechten

1			7			
	2		6			
		3	5			
			4			
			3	5		
			2		6	
			1			7

und senkrechten Reihe und in jeder Diagonalen jede Zahl nur einmal vorkommt. Einige Zahlen wurden bereits vorgegeben.

454.

Ich bin ein Nichts
Und dennoch hochverehrt,
Denn anderen Zeichen zugesellt,
Vermehr ich deren Wert.

455.

Man wird es mit den Jahren, man trägt's am Arm,
Und auch die Ernte soll es werden auf der Farm.

456.

Sie schützt vor Leid uns allerwegen,
Er schützt uns nur vor Sonne und vor Regen.

457.

Wenn Schwarz im Schachspiel immer eine gute Antwort auf die Züge von Weiß hat und Weiß auch keinen Fehler

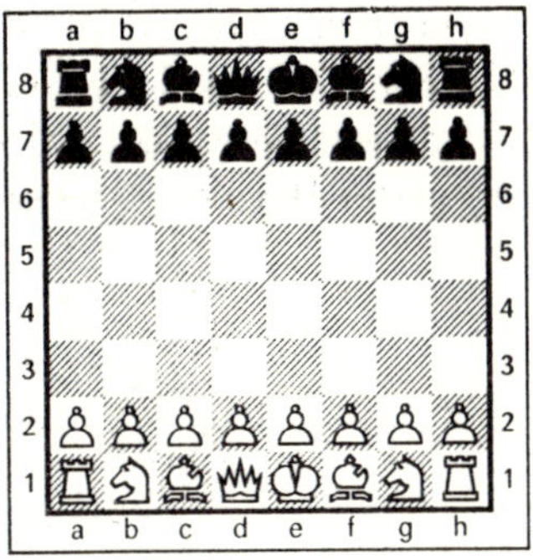

macht, endet die Partie remis, also unentschieden. Wie aber müssen die beiden spielen, um auf schnellstmöglichem Weg ein Matt zu erzielen?

458.

Komm, mein Kind, und rat einmal!
Blätter hat's in großer Zahl,
Alle sind von gleicher Größe,
Und es decket seine Blöße
Meist ein Mantel, steif und bunt,
Auf dem Rücken ist es rund,
Trägt auch wohl ein buntes Schild,
Das sein Name prunkend füllt.
Beine hat es nicht, doch kann es stehen,
Aber nicht vom Flecke gehen.
Und liegt es einmal auf der Seite,
Muß es warten, bis die Leute
Ihm aufhelfen. – Nun geschwind,
Sag, was das ist, mein kluges Kind!

459.

Hase und Igel starten zu einem Wettlauf. Diesmal allerdings will sich der Hase nicht (wie in dem bekannten Märchen) übers Ohr hauen lassen, und er bestimmt, daß der Lauf in einem Stadion stattfinden soll, auf dessen Laufoval er den Igel immer im Auge behalten kann. 10 Runden sollen gelaufen werden. Allerdings gibt der Hase dem Igel 500 Meter vor. Wenn wir nun annehmen, daß der Hase doppelt so schnell läuft wie der Igel, läßt sich ausrechnen, wann der Hase den Igel eingeholt hat.

460.

Mit einem e sind wir neun Brüder,
Mit u wirft es uns alle nieder.

461.

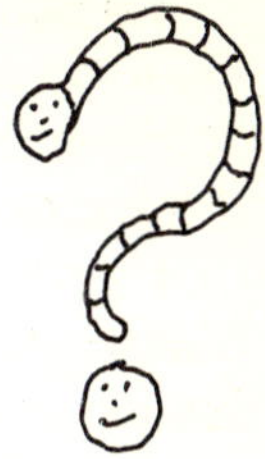

Ich bin ein ungestümer Gast,
Stets aufgelegt, um zu zerstören.
In mir ist weder Ruh noch Rast,
Und schrecklich bin ich anzuhören.
Doch meine Zeichen nur versetzt,
Und meine Puste hat verloren.
Als heil'ges Buch siehst du mich jetzt,
Von Mohammedanern auserkoren.

462.

Es gibt etwas in meinem Haus,
Geht Tag und Nacht, kommt doch nicht raus.

463.

Es wird gedreht, verknüpft, entwirrt,
Kohlschwarz und weiß wie Schnee.
Doch wenn es Kopf und Schwanz verliert,
Dann freilich heißt's ade!

464.

Rätst du mich recht,
So hast du falsch geraten,
Und rätst du falsch,
So hast du recht geraten.

465.

Mit einem großen Korb voll Eiern saß eine Bäuerin im Zug, um zum Markt zu fahren. Laut überlegte sie, daß sie 3 Eier übrigbehalten würde, wenn sie immer 15 Stück zusammen verkaufte. Also werde sie, so überlegte die Frau weiter, immer 12 Stück verkaufen und keine Eier übrigbehalten. Der Bäuerin gegenüber saß ein schweigsamer Mann, der aber die Rechnung mitbekommen hatte. Er sah sich den Eierkorb genauer an und schätzte, daß nicht weniger als 150, aber auch nicht mehr als 200 Eier darin wären.
Nun wußte er auch bald die genaue Zahl der Eier.

466.

Mich hat der Gaul
In seinem Maul,
Die Katze in der Tatze.
Und springt der Has
Durchs grüne Gras,
Bin ich in jedem Satze.

467.

Entschlüssele die folgende Rechenaufgabe. Jedes Quadrat ist durch eine Ziffer zu ersetzen, gleiche Quadrate bedeuten auch gleiche Ziffern.

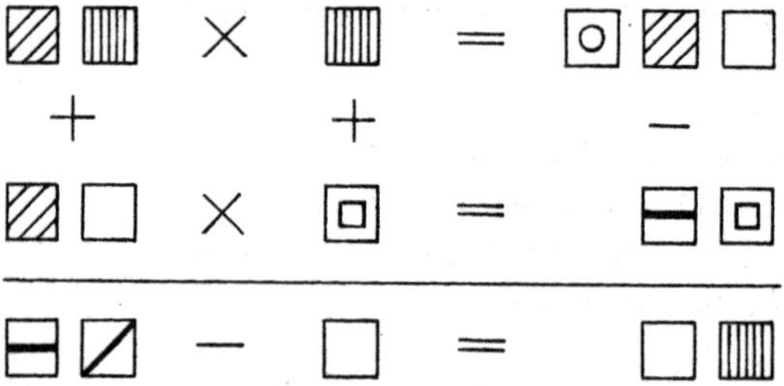

468.

Wer einen a hat in der Truh,
Im Herzen auch, der schaff ihm u,
Sonst hat er Tag und Nacht nicht Ruh.

469.

Ich bin am Berg, am Buch – bald rund, bald schlicht;
Ich geh euch immer nach – ihr aber merkt es nicht.

470.

Nimm einer Traube Kern – doch halt!
Schon ist's ein Diebstahl mit Gewalt.

471.

a geht schützend auf und nieder,
o kehrt alle sieben Tage wieder.

472.

In einem Haus, mir nebenan,
Bewegt sich stets ein kleiner Mann,
Der aber furchtbar schreien kann.
Er zeigt sich wie ein Herr von Stande
In einem bunten Prachtgewande,
Trägt einen purpurroten Hut.
Und wandelt doch in Schnee und Sande
Stets unbestiefelt, unbeschuht.

473.

Was ist groß beim Riesen und klein beim Zwerg?

474.

Es war einmal ein Handwerksgeselle auf der Walz. Mitten auf einer Brücke begegnete ihm der Teufel in der Verkleidung eines alten Marktweibes. Sie kamen ins Gespräch, und der Geselle klagte der Alten sein Leid – er habe nicht mehr genug Geld, um sich in der nächsten Gastwirtschaft ein Essen leisten zu können. „Dir soll geholfen werden", sagte der verkleidete Teufel, meinte aber in Wirklichkeit, er wolle dem Gesellen auch noch sein letztes Geld abknöpfen. „Sooft du über diese Brücke hier gehst, soll sich das Geld in deiner Tasche verdoppeln. Doch nichts ist umsonst. Du mußt jedesmal als Tribut 32 Pfennige in den Fluß werfen." Der Handwerksgeselle überlegte nicht lange und ging auf den Handel ein. Die 32 Pfennige könne er leicht verschmerzen, dachte er, wenn sich zuvor sein Geld bei jedem Gang über die Brücke verdoppele. Bald aber mußte er seine Meinung ändern, denn als er zum fünften Mal über die Brücke ging, mußte er sein letztes Geld in den Fluß werfen und hatte nun nichts mehr in seiner Tasche, was hätte verdoppelt werden können. Der Teufel quittierte dies mit Hohnlachen und verschwand, nicht ohne eine nach Schwefel stinkende Wolke zu hinterlassen, im Erdboden. Natürlich wußte der Teufel, wieviel Geld der Geselle in seiner Tasche hatte, bevor er ihm sein scheinheiliges Angebot machte. Weißt du es auch?

475.

Je mehr es bekommt, desto hungriger wird es;
Hat es aber alles gefressen, so stirbt es.

476.

Die erste als Verhältniswort wir kennen,
Und ein Artikel ist Nummer zwei.
Den halben Riesen wird uns nennen
Zu jeder Zeit die Silbe drei.
Das Ganze: eines Dichters Namen,
Des wundervolle Phantasie
Geschaffen hat in schönem Rahmen
Uns sehr bekannte Märchenpoesie.

477.

Vorwärts soll der Mensch mich lieben,
Mich vernichten darf er nicht.
Rückwärts werd ich nur vertrieben
Durch der Sonne helles Licht.

478.

Ein Müller war in seiner Mühle. Die Mühle hatte vier Ecken. In jeder Ecke standen vier Säcke. Auf jedem Sack saß eine Katze. Jede Katze hatte vier Junge neben sich. – Wieviel Füße waren in der Mühle?

479.

Erst weiß wie Schnee,
Dann grün wie Klee,
Dann rot wie Blut –
So schmeck ich gut.

480.

Welche Sohlen halten am besten und brauchen nie zum Schuhmacher?

481.

Ein rotes Gärtlein,
Ein weißes Geländer:
Es regnet nicht hinein,
Es schneit nicht hinein,
Ist doch immer naß.

482.

Sie ging mit eins und zwei,
Ich gab ihr das Geleite.
Drauf bat ich sie um eins,
Da gab sie mir das zweite.

483.

Mit einem schneidend scharfen Zahn
Durchfreß ich selber Holz und Stein.
Doch muß ein andrer mir dazu die Kräfte leihn,
Denn nie greif ich ein Ding aus eigner Freßgier an.

484.

Die erste findet ihr in jeder Schar.
Ade! so ruft die zweite immerdar
Den Scheidenden, wenn sie uns lieb gewesen.
Das Ganze habt ihr eben jetzt gelesen.

485.

Im Drehen muß ich gehn,
Doch keiner kann das sehn.
Alle müssen mit mir fort
Und bleiben doch an ihrem Ort.

486.

Es war einmal ein schlauer Bauer. Der wollte ein neues Stück Land von seinem geizigen Nachbarn kaufen, der mehr Land besaß, als er überhaupt bestellen konnte. Es wurde abgemacht, daß der Nachbar mit 4 Pflöcken ein quadratisches Feld markieren und dem Bauern „das Quadrat, das zwischen die Pflöcke paßt", gehören soll. Nun hatte sich aber der Bauer übers Ohr hauen lassen, denn im Vertrag wurde nicht gesagt, welches Stück Land verkauft werden sollte, und so hatte der Geizhals die Pflöcke an die Ecken eines völlig unfruchtbaren Ackers geschlagen, von dem in früheren Gesprächen mit dem Bauern

nie die Rede gewesen war. Dieser sah den Betrug, überlegte, schaute nochmals in den Vertrag – und steckte schließlich ein Feldstück ab, das genau doppelt so groß war, als es der geizige Nachbar erwartet hatte. Wie konnte der Bauer den Betrüger hereinlegen, ohne die Vertragsklauseln zu verletzen?

487.

Es stehen drei Esel in einem Stall,
ein junger, ein alter und ein ganz alter.
Welcher von ihnen ist der klügste?

488.

Zwei Löcher hab ich,
Zwei Finger brauch ich –
So mach ich Langes und Großes klein
Und trenne, was nicht zusammen soll sein.

489.

Ein Vogel, aus dem Zoo bekannt,
Wird, mit ’nem g darin, zum Musikant.

490.

Kriecht darüber eine Laus,
Kommst du in Ärger sehr,
Doch schneidest du das Herz heraus,
Dann ist sie völlig leer.

491.

bb am Meer, gg auf dem Land,
sch im Wald, ck an der Wand,
ss am Haus, ll in des Schneiders Hand.

492.

Sie steht im Wald und zittert stets
Und weiß doch nicht, warum und wie.
Kommt nun ein W gar über sie,
Dann an ein Fliegen und Summen geht’s,
Und an ein Stechen und Naschen
An reifen Früchten und geöffneten Flaschen,
So ungestüm und unerhört,
Daß man sich schwer der eignen Haut erwehrt.

493.

R erklingt, wo man mit Russen handelt
J da, wo uns Heiterkeit anwandelt,
Tr, wo vor Hören und vor Sehen
Eben Sehen und Hören uns vergehen.

494.

Ich habe einen Kopf und vier Beine,
Doch kommst du heran, erscheine
Ich ohne Kopf und Beine.
Doch Angst hab ich keine,
Denn faßt du mich an,
So sind deine Finger übel dran.

495.

Ihr lieben Leut,
Was das bedeut':
Hat sieben Häut,
Beißt alle Leut!

496.

Ein Männlein steht im Walde ganz still und stumm,
Es hat von lauter Purpur ein Mäntlein um.
Sagt, wer mag das Männlein sein,
Das da steht im Wald allein
Mit dem purpurroten Mäntelein?

Das Männlein steht im Walde auf einem Bein
Und hat auf seinem Haupt ein schwarz' Käpplein klein.
Sagt, wer mag das Männlein sein,
Das da steht im Wald allein
Mit dem kleinen, schwarzen Käppelein?

497.

Du kennst den Vogel ganz bestimmt,
Von welchem mein Rätsel kündet.
Doch wenn man Kopf und Schwanz ihm nimmt,
Sieh nur, was sich dann da findet!
Gar schnelle Tiere stehn am Ort,
Sind voller Mut und Stärke. –
Streich nun auch die Mitte fort,
Was erscheint? O merke:

Es ist der Gärten schönste Zier,
Sie wird als Königin gepriesen.
Auch können ihre duft'ge Gabe wir
Im Sommer nach Herzenslust genießen.

498.

Wen hab ich vor den Kopf geschlagen,
Ohne daß er sich durfte beklagen?

499.

Wie kann man diesen 3 Meter breiten Graben mit zwei Bohlen überbrücken, die aber auch nur 3 Meter lang sind?

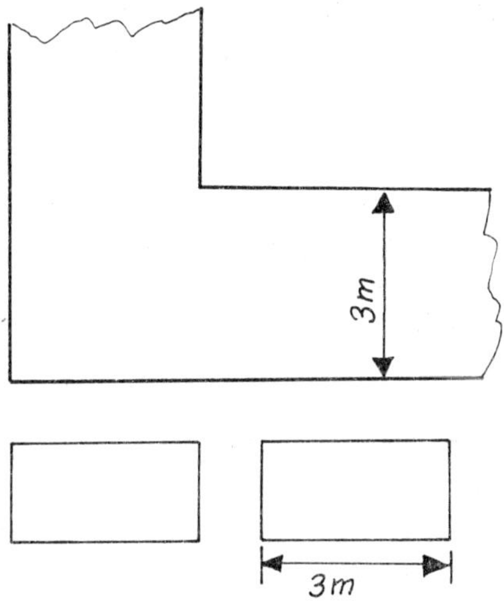

500.

Wer rät mir, was das Ding mag sein,
Wir kennen's alle, groß und klein.
Von außen rosig, oft mit Löckchen,
In schönem Kleid, mit Hut und Söckchen;
Von innen aber, welcher Graus,
Da sieht meist hohl und leer es aus,
Mit Lappen oder Werg gefüllt,

Mit Sägemehl, das leicht entquillt.
Doch als das Ding ich neulich sah,
Gerade umgekehrt war's da:
Von außen trug's 'ne graue Haut,
So schlicht, daß leicht man's überschaut,
Doch drin den schönsten Schmetterling –
Nun ratet mal das Doppelding!

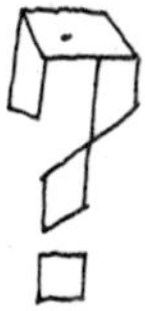

501.

Mit Dauer hält eins jeden Erdengast
Sofort und lebenslänglich leicht umfaßt.
Zwei ist eines Königs Aufenthalt,
Auch an der Türe siehst du es bald.
Allein dem Ganzen nur vertraue nie:
Dem schönen Bild der Phantasie.

502.

1 2 erzeugt der Schmerz, das Leid,
3 4 bedeckt im Winter das Kleid.
Doch munter fliegen sehen wir
Im Sonnenschein 1 2 3 4

503.

Für gleiche Zahlen sind gleiche Buchstaben einzusetzen:

			2			
		2	3	4		
	3	5	2	6	2	
2	3	2	4	1	7	8
	9	8	1	3	3	
		10	7	11		
			8			

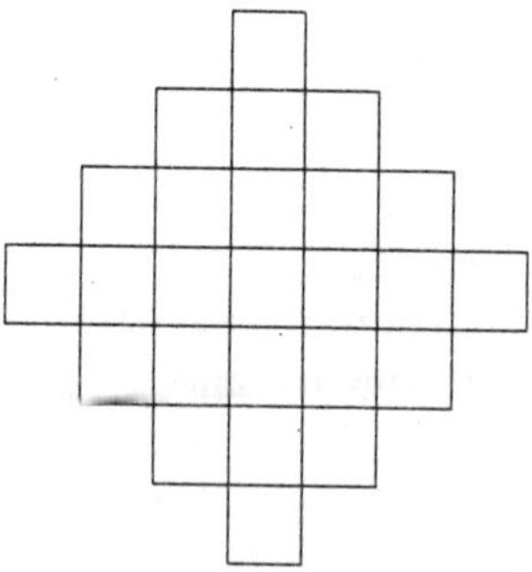

Die senkrechte und die waagerechte Mittelreihe nennen ein großes Säugetier. Alle übrigen waagerechten Reihen bedeuten von oben nach unten: Buchstabe, eine Zahl, ein Gefühl, Aufenthaltsort für Tiere, eine Konjunktion, Buchstabe.

504.

o trag ich am Leibe, i liegt im Sinn,
e rollt zum Ufer hin.
e laß ich entgleiten, o kauf ich mir ein,
i ist stets zwiefach, wo zwei sich entzwein.

505.

Wer versteht dies Rätsel, wer kann's richtig lesen?
Ich werde gestern sein, bin morgen dagewesen.

506.

Eins ist ein Ton, zwei bläst ihn sehr schön.
Das Ganze steht in des Waldes Tälern und auf Höhn.

507.

Einem jeden Edelstein
Gebe ich noch hell'ren Schein.
Wer mich aber hat verloren,
Der wird rot bis an die Ohren,
Oder er erblaßt vor Schrecken
Und bleibt in der Rede stecken.

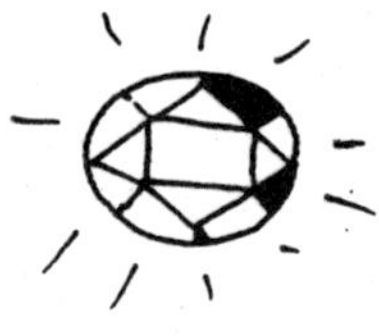

508.

Ich bin nicht Körper und nicht Geist,
Doch hab ich Flügel, wie es heißt.
Man findet mich überall auf Erden,
Dem Weisen bring ich Lust, dem Toren nur Beschwerden.
An Schnelligkeit gleicht nichts auf Erden mir.
Nun errate mich geschwind – oder ich entfliehe dir.

509.

Die in diesem Quadrat stehenden Buchstaben sollen so umgestellt werden, daß sich die danebenstehenden Begriffe in der Waagerechten wie in der Senkrechten ergeben:

a	a	b	e	Erhöhung
e	g	g	g	männlicher Vorname
i	i	l	l	Hauptstadt einer Republik im Westen der UdSSR
m	r	r	s	durchsichtiges Material

510.

Welcher Handwerker hat Nutzen von einem schlechten Absatz?

511.

Wie ist das mit dem Eigentum?

mir Schied mein
\+ R +
dir dein

512.

Zum Bauen mag die erste taugen,
Doch nimmermehr in Menschenaugen.
Die zweite, welche Ruhe gibt,
Ist, wenn sie lang ist, sehr beliebt,
Denn vieles wird auf sie geschoben,
Doch kann man solches Tun nicht loben.
Das Ganze muß man klug umschiffen,
Gefährlich ist es, gleich den Riffen.

513.

Mühsam legt's der fleiß'ge Mann
Tief im Schoß der Erde an.

Dunkel ist es, schwarz und schaurig,
Stauberfüllt und feucht und traurig.
Fröhlich bringt's die Frau zustand',
Mit dem Löffel, mit der Hand.
Duftend ist es, süß und breit,
Hochbeliebt zur Weihnachtszeit.

514.

Nun ratet ein Metall mir schnell,
Es blinkt wie Gold, es läutet hell,
In dessen Namen, wohlversteckt,
Ein Mittel zum Würzen man entdeckt,
Das man braucht, soll'n sie geraten:
Salat und Fisch und Sauerbraten.

515.

Für jede Zahl ist in dieser Figur eine Silbe einzusetzen, dann läßt sich in folgenden Kombinationen lesen:

1	2
3	4

1–2 Stadt in Sachsen
2+2 Roman von Zola
2–3 Handwerkszeug aus der Nähkiste
3–4 Name für die Form einer Flußmündung
4–1 kleiner Dickhäuter
4–3 Gegenteil von Lob

516.

Die Anfangsbuchstaben der folgenden Wörter sind durch andere so auszutauschen, daß neue sinnvolle Wörter entstehen. Die neuen Anfangsbuchstaben ergeben aneinandergereiht den Vor- und Zunamen eines berühmten Komponisten:
Kammer – Ader – Heine – Kid – Rost – Recht – Zerbst – Muster – Macht – Rose – Vase

517.

Am Fuß einer Mauer von drei Meter Höhe saß eine Schnecke und begann, senkrecht die Mauer hochzukriechen. Am Tage schaffte sie 70 cm, rutschte aber in der

Nacht wieder 30 cm hinunter. Wenn die Schnecke in diesem Tempo weiterklettert – am wievielten Tag hat sie den oberen Rand der Mauer erreicht?

518.

Welche Abbildung gehört nicht hierher?

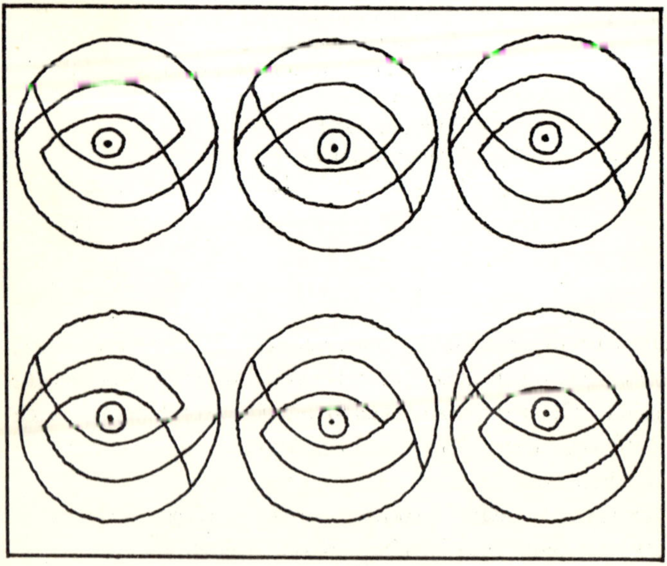

519.

Du kennst sicher das Märchen vom Topf, der in einem fort Brei kocht und schließlich das ganze Haus mit Brei überschwemmt, weil das Zauberwort, das den Topf zum Stillstand bringt, vergessen wurde. Das Märchen verschweigt allerdings, daß es mit der Breiproduktion des Topfes seine besondere Bewandtnis hat. Dieser nämlich produziert ständig schneller, so daß sich die Breimenge von Stunde zu Stunde verdoppelt. Nehmen wir an, daß nach 12 Stunden das ganze Haus voll Brei ist – wann war das Haus genau zur Hälfte gefüllt?

520.

Ich will dir ein Rezept verraten,
Versuch's einmal, es kann nicht schaden:
Ein Fünftel Honig ist abzuwiegen,
Ein halbes Ei hinzuzufügen,
Gleichfalls ein Viertelstückchen Zimt.
Von einer reifen Beere nimmt
Zwei Fünftel in die Mischung man,
Gibt ferner zwei Sechstel Zucker dran,
Drei Sechstel Safran tut noch not
Sowie das Ende von 'nem Kanten Brot.
Das Ganze wird erfrischend sein
Und löscht den Durst besser als Bier und Wein.

521.

Ich seh's bei jedem Schritte,
Der Feind nimmt es stets in die Mitte,
Wo nichts ist, sieht's doch noch jedermann,
Und immer fängt's von vorne an.

522.

So schlimm hat nie der dümmste Tropf
Die Welt gestellt auf ihren Kopf
Wie dies gelehrte Ungeheuer:
Es stellt die Betten vor das Haus,
Das Haus selbst vor die Tür hinaus
Und baut das Gerüst erst nach dem Gemäuer.
Es kommt vor Zank und Zorn zur Welt,
Es kommt vor Schreck und Graus zu Geld,
Jedoch nach Geld und Gut zu Sorgen!
Vor Tag beginnt sein Abendschmaus,
Zwar kommt es stets vor Nacht nach Haus,
Doch kommt ihm nie der Schlaf vor Morgen.
Es hat den Juli nach August,
Den Herbst noch vor des Sommers Lust,
Den Sommer vor der Sonnenwende.
Erst nach dem Tod hat's Todesschreck,
Doch lange vor dem Tod ein Ende.

523.

Aus jedem der folgenden Wörter sollen zwei aufeinanderfolgende Buchstaben herausgestrichen werden. Das Stehengebliebene ergibt ein Sprichwort, das auf diejenigen, die das Rätsel gelöst haben, sicher nicht zutrifft:
Diva – Eid – Drau – Gemmen – Weib – Norden – Nixe – Docht – Saal – Elle

524.

Mit H ist es ein hohes Gut,
Wohl dem, der es sein eigen nennt,
Der nie erfährt, wie weh es tut,
Wenn ihn das Schicksal davon trennt.
Mit K birgt es geheimnisvoll
Den Urstoff für ein neues Sein,
Wie groß auch dieser werden soll,
Noch ist er winzig klein.

Mit L ist es ein festes Band,
Das Teil und Teil zusammenhält,
Man nimmt es immer dann zur Hand,
Wenn etwas auseinanderfällt.
Mit R erzeugt es guten Klang,
Doch wird es oftmals schwer erdacht,
Nach der Methode es auch hier gelang:
So ist ein Rätsel schnell gemacht.

525.

Nun hört ein neues Rätsel an:
Ich nenn ein Wort – schon ist's getan!
Das wendet ihr: es bleibt sich gleich.
Wer weiß das Wort denn nun von euch?

526.

Was steht auf der Rechnung?

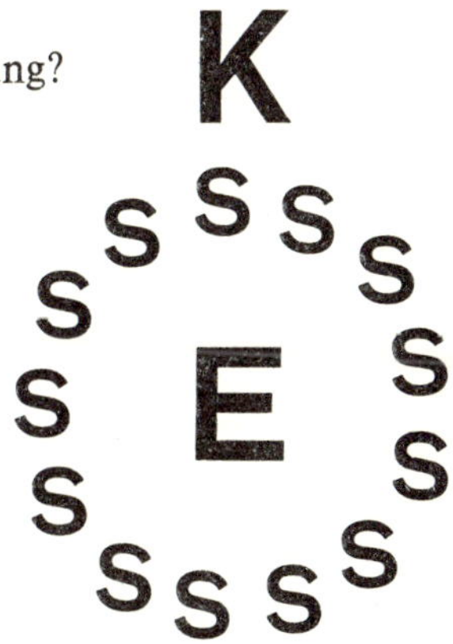

527.

Es schlummert, jedem Aug verborgen,
Nur hörbar ist's, wenn man es weckt,
In Wäldern, Bergen, Mauern, Felsen,
Hält es sich wunderbar versteckt.
Es scherzt, es lacht, es schimpft, es schmeichelt,
Es klatscht und trabt, es singt und bellt.
Es spottet kühn des Donners Brüllen,
Es kehrt oft mehrfach wieder – wie bestellt.

In allen Sprachen ist's bewandert,
Mit jedem Dialekt bekannt.
Es neckt und reizt das lose Mundwerk,
Das zürnend oft darob entbrannt.
Oft fesselt es dein frohes Staunen,
Wenn es verbrüdert dich entzückt.
Ein Spiegel ist's, den wohl kein Auge,
Sei es auch noch so scharf, erblickt.
Doch zweifle nicht, wenn ich dir sage,
Daß es, wie du, der Blinde kennt.
Wer ist's, der mir auf diese Frage
Des Rätsels Lösung nennt?

528.

e bekommst du, warst du erfolgreich beim Geflügeljagen,
u bekommst du, wenn dich kalte Füße plagen.

529.

Aus sieben Zeichen das Ding besteht,
Auf Schritt und Tritt es mit mir geht.
Und wenn ich mal nicht recht drauf bin,
So steck ich bis ans Knie doch drin.
Wird dieses Wort geschickt behandelt,
Es sich in vielerlei verwandelt:
Nehm ich von oben ab ein Stück,
So bringt es manchem Spieler Glück.
Und werf ich noch ein Zeichen fort,
Wird völlig gliederlos das Wort.
Wenn ich das dritte Zeichen streiche,
Sieht man's im Wald: des Baumes Leiche.
Laß die Zeichen zwei und drei ich raus,
So wird ein feuchter Platz daraus.
Gerat ich mit dem Ganzen rein,
Bleibt es nicht trocken und nicht rein.

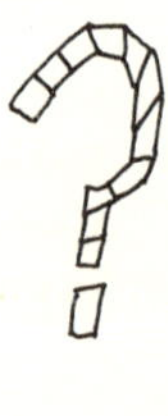

530.

Wer nennt mir wohl das große Land,
Das, wenn ihm Kopf und Hals entwandt,
Zur Pflanze wird auf grüner Heide,
Die jedes Auge sieht mit Freude?

531.

Zwei gibt's, die beieinanderstehn
Und alles gut und richtig sehn,
Doch niemals sieht der eine den andern Wicht,
Und wär's beim hellsten Tageslicht.

532.

Was geht immer um den Baum herum und kann doch nicht hinein?

533.

Zwar ist er tot, dem du verdankst, daß du am Leben bist,
Doch hauch ihn an: so ist er ein Tier auf dem Mist.

534.

Du in der Mitte von Geld –
Wer das nicht für eine Tugend hält!

535.

Je mehr er hat, desto weniger wiegt er.

536.

Auf unserer Wiese gehet was
Und watet durch die Sümpfe.
Es hat ein schwarz-weiß Röcklein an
Und trägt auch rote Strümpfe.
Es fängt die Frösche: schnapp, schnapp, schnapp,
Und klappert lustig: klapp, klapp, klapp.

537.

Lies oder miß von vorn,
Miß oder lies von hinten –
Du wirst mich immer gleich
In Sinn und Länge finden.

538.

Es war einmal in grauer Vorzeit, da trieb sich ein alter, böser Zauberer im Land herum. Zahnlos war er und von der Gicht geplagt. Er hatte keine Freude mehr am Leben und neidete deshalb auch den Menschen ihr Glück. Geht es mir nicht gut, so dachte er, so sollen sich die anderen auch nicht ihres Lebens freuen. Und er war ein mächtiger Zauberer, hatte also auch die Macht, den Menschen Unheil zu bringen.

Eines schönen Frühlingstages sah der Zauberer drei Schwestern des Weges kommen, die sich über die Hochzeit der ältesten von ihnen freuten. Gerade waren die beiden jüngeren dabei, ihrer Schwester beim Umzug in das Haus ihres Mannes zu helfen. Lachend gingen sie an dem Zauberer vorbei und bemerkten seine grimmigen Blicke nicht. Den ärgerte das maßlos. Voller Wut und Neid verwandelte er die drei Schwestern auf der Stelle durch ein einziges Zauberwort in Kornblumen. Hämisch grinsend betrachtete er sein Werk und ging davon.

Um aber auch noch den Mann der ältesten Schwester leiden zu lassen, gab der Zauberer dessen Frau für die Nacht und den Morgen die menschliche Gestalt zurück und ließ sie ihrem Mann ausrichten, daß er die drei Schwestern erlösen könne. Er müsse am nächsten Vormittag nur seine Frau unter den drei Kornblumen herausfinden. Könne er das nicht, so sei es um die drei und auch um ihn geschehen.

Verzweifelt machte sich der Mann auf den Weg zu der beschriebenen Stelle und fand auch die drei Kornblumen. Lange schaute er sie an und dachte nach. Dann griff er behutsam nach einer von den dreien und hatte die Rechte getroffen. Nun hatte er allerdings nicht aufs Geratewohl gewählt und hatte also nicht bloß Glück gehabt. Wie konnte er die richtige Kornblume herausfinden?

Rätsel-Lösungen

1.
Buch – Tuch

2.
Sessel – Semmel

3.
Der Blitz schlägt ein, das Pferd aus.

4.
Sie sind gleich schwer, nämlich ein Pfund.

5.
Beine – Biene

6.
Harz

7.
Da elfhundert eigentlich eintausendeinhundert ist, so ergibt elftausend plus elfhundertundelf 12111.

8.
Krater – Kater

9.
Eiszapfen

10.
Erwin ist jetzt 18 Jahre alt, sein Bruder Klaus 6.

11.
Rinde – Rind

12.
Beste – Bestie

13.
Haus – Maus – Laus – aus

14.
Ameise – Meise

15.
Eier + Uhr = Eieruhr

16.
Zeit

17.
Wachtel – Achtel

18.
Ehre – Rehe

19.
Linse

20.
Hahn

21.
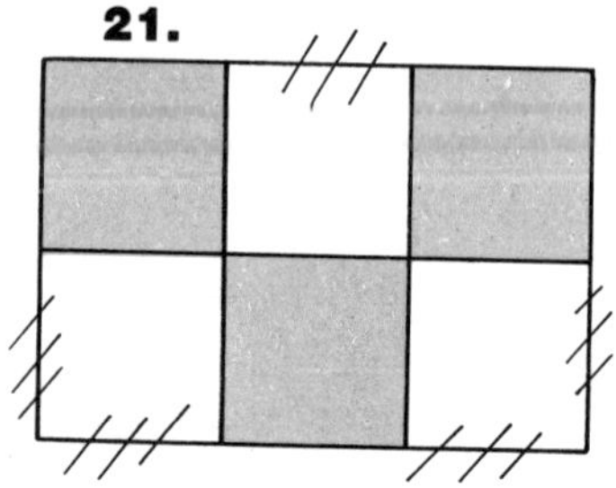

22.
Schere

23.
Hand

24.
Huhn – Hohn

25.
Stempel + Kissen = Stempelkissen

26.
Man schreibe nacheinander null und dann 6 und 500, aber in römischen Zahlen:
O, VI, D = OVID.

27.
Echo

28.
Erle – <u>P</u>erle

29.
88 $\frac{8}{8}$

30.
Dr<u>ü</u>cken – dr<u>u</u>cken

31.
Kla<u>vierspiele</u>r –
Kla~~vierspiele~~r = klar

32.
Nie!

33.
Man muß nach dem nebenstehenden Muster umgießen. Unter jedem Symbol für den Kübel bzw. Eimer wird angegeben, wieviel Liter Farbe sich darin befinden. Die Pfeile zeigen, von wo nach wo umgegossen wird. Die nächste Zeile zeigt dann die neuen Füllstände. Wie kommt man auf die Lösung? Man überlegt, daß ein Rest von einem Liter verbleibt, wenn man den Inhalt der beiden 4-Liter-Eimer in den 7-Liter-Eimer umgießt – denn dann braucht man nur noch die Menge von 4 Litern, um 5 Liter abfüllen zu können, und diese Menge kann ja mit einem Eimer abgemessen werden.

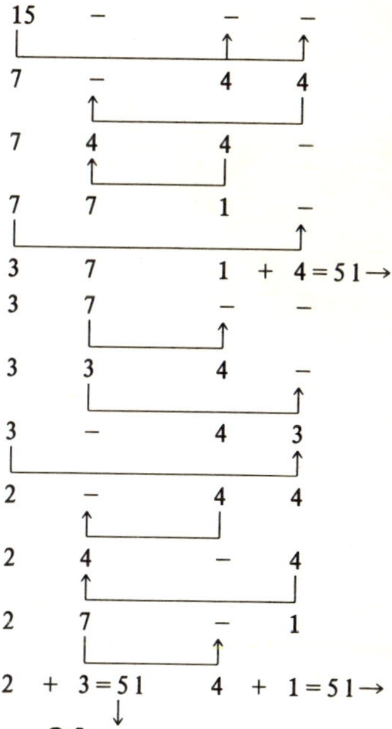

34.
Man dreht sie um und hat 999.

35.
Schulterblatt oder Sägeblatt

36.
Neujahr

37.
Schatten

38.
Heute

39.
Augen, Blick – Augenblick

40.
Indem man den Hammel nicht schlachtet.

41.
Bahn – Kahn – Hahn – Wahn

42.

1	15	2	16	3	17	4
14	13	12	11	10	9	8
18	5	19	6	20	7	21

43.
Flaschen + Zug = Flaschenzug

44.
T – Tee

45.
Schlau – lau

46.
Futter – Futteral

47.
Die eine Hälfte des Wortes „achtzehn“ – nach der Anzahl der Buchstaben – ist „acht“, die andere „zehn“.

48.
Specht – Hecht

49.
Feuer

50.
Scherz – Schmerz

51.
Stimme

52.
Natürlich fressen die weißen Schafe mehr als die schwarzen, weil es mehr weiße als schwarze Schafe gibt.

53.
Ohrenschmaus, Augenweide

54.
127 Schafe

55.
Der Apotheker hat wirklich recht. Im ersten Fall legt man auf die Schale, auf der die 15 Gramm Pulver liegen, noch zusätzlich die Gewichte von 3 und 9 Gramm, auf die andere Seite der Schalenwaage legt man das 27-Gramm-Gewicht. Das sähe dann so aus:

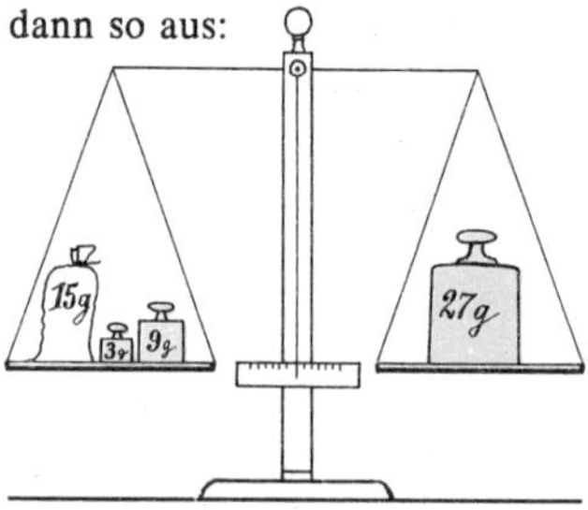

Die anderen Lösungen:
2. 34 g Pulver + 3 g = 1 g + 9 g + 27 g
3. 60 g Pulver + 3 g + 27 g = 9 g + 81 g
4. 100 g Pulver + 9 g = 1 g + 27 g + 81 g
5. 150 g Pulver + 3 g + 9 g + 81 g = 243 g
6. 339 g Pulver + 3 g + 9 g = 27 g + 81 g + 243 g

56.
Elle, Welle, Schwelle

57.
Sie – Eis

58.
Noten – Not

59.
In der Schüssel muß lediglich eine ungerade Zahl von Eiern liegen, z.B. 15 – die Hälfte davon ist 7 ½, plus ½ Ei = 8 Eier.

60.
Hans, Wurst – Hanswurst

61.
Ziegen, Bart – Ziegenbart

62.
Reittier

63.
Last – Hast – Bast – Gast – Rast – Mast

64.

65.
Sardinen – Sardinien

66.
Schornstein

67.
Georg hat 7, Frank 5 Äpfel.

68.
Schimmer – immer

69.
Herz – Harz

70.
Der letzte nimmt Schüssel mit Ei.

71.
Baumstamm, Stammbaum

72.
Anstand – Vorstand – Verstand

73.
Lief – fiel

74.
Hose – Hase

75.
Taschen + Geld = Taschengeld

76.
Anna, Aga, Ebbe, Egge, Ehe, Elle, Ecke (Ek-ke), Uhu, Otto

77.
Bank, Noten – Banknoten

78.
Spitz, Bube – Spitzbube

79.
Kaffeebohne

80.
Baum, Schule – Baumschule

81.
Dreisatz – taumelnd – brausend – Duett – kariert – Braten = Dreitausend Dukaten

82.
Sahne – Sehne – Söhne – Sühne

83.
Seide – Seife

84.
siehe Bild

85.
Weg

86.
Bürste

87.
Kater

88.
Man schreibe die 12 als römische Zahl (XII) und halbiere sie durch einen Querstrich, so bleibt oben VII übrig.

89.
Morgen

90.
Nichts

91.
Feuer

92.
Nagel

93.
Ader – Oder

94.
Schraube – Traube

95.
Wenn der Eimer groß genug ist: nur einen.

96.
Mittwochsgesellschaft

97.
Helm – Lehm – Mehl

98.
Mondsichel, Heuschrecken

99.
Blatt + Feder = Blattfeder

100.
Hose

101.
Nähnadel

102.
Der Buchstabe f

103.
Säge oder Briefmarke

104.
Schatten

105.
Denkmal – denk mal

106.
Er – re

107.
Schale – Schule

108.
Strumpf – Trumpf – Rumpf

109.
Hut – Haut

110.
Ja, da es nur Vierecke und keine Quadrate sein sollen:

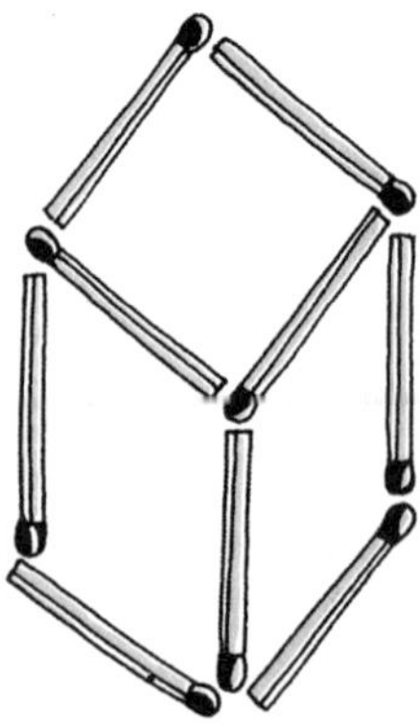

111.
Rehe – eher

112.
Elfen, Bein – Elfenbein

113.
Schwamm

114.
Trab – Bart

115.
Stuhl

116.
Spiegel, er bildet ab.

117.
Nebeneinander, wenn die Tür breit genug ist.

118.
Halunken

119.
Schuh

120.
Ungarn

121.
Schuh

122.
Noten + Bank = Notenbank
Bank + Noten = Banknoten

123.
Ehe

124.
Pflaster – Laster – Aster

125.
Linke Hand

126.
Einbrechen

127.
Sterne – Nester

128.
Waldrand – Waldbrand

129.

32	+	17	=	49
+		−		+
16	−	9	=	7
48	+	8	=	56

130.
Auch in 20 Tagen, da es beim Ausbrüten auf die Menge der Eier nicht ankommt.

131.
Schneeglöckchen oder Maiglöckchen

132.
Keller

133.
Pferd und Reiter: Bügel – Zügel

134.
Flieh – Hilfe

135.
Man kann ausrechnen, wie viele Weizenkörner der König insgesamt zu beschaffen hätte. Es sind 18 446 744 073 709 551 615 – und diese Menge kann auf allen Feldern der Erde zusammen nicht angebaut werden.

136.
Eis + Berg = Eisberg

137.
Der Fall ist nicht völlig unmöglich, doch so extrem unwahrscheinlich, daß man niemandem eine solche Geschichte glauben

sollte. Immerhin gibt es
n = 27 532 944 908 504 640
verschiedene Möglichkeiten, die Karten an die drei Spieler beim Skat zu verteilen. Die Wahrscheinlichkeit der Wiederholung einer bestimmten Kartenverteilung ist $\frac{1}{n}$.

138.
Sonne

139.
Kiefer

140.
Erz – Herz

141.
Man verteilt die 31 Markstücke so: In den ersten Beutel kommt 1 Mark, in den zweiten kommen 2 Mark, in den dritten 4, in den vierten 8 und in den fünften Beutel 16 Mark.

142.
Eulen, Spiegel – Eulenspiegel

143.
Feder

144.
Stets

145.
Brocken

146.
Erd(e), Beben – Erdbeben

147.
Erstaunlicherweise ist Abbildung b) falsch. In der Abbildung a) geht der Pfeil richtig durch die Scheibe, doch wirken Pfeilspitze und -schaft gegeneinander verschoben. In der Abbildung b) wurde diese (nach Poggendorf benannte) optische Täuschung korrigiert – legt man aber ein Lineal an den Pfeil an, sieht man, daß der Pfeil nicht gerade durch die Zielscheibe geht.

148.
Falsch – Schlaf

149.
Falten

150.
Landkarte oder Atlas

151.
Bett

152.
Trug – Gurt

153.
Natur – Unrat

154.
Januar – Jaguar

155.
Satz

156.
Sardellen – Forellen – Libellen – Gazellen

157.
Floh

158.

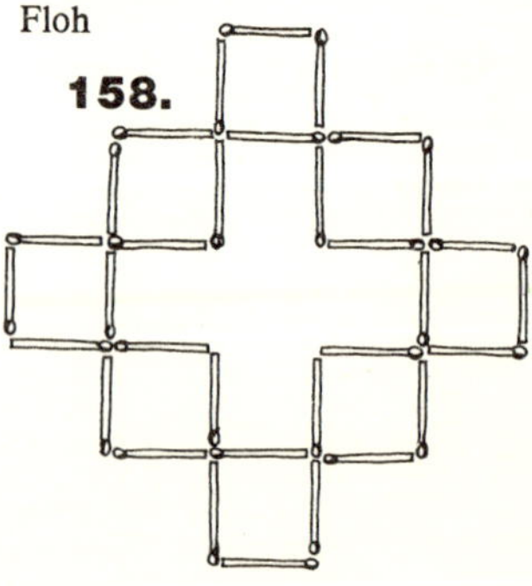

159.
Behaart – bejahrt

160.
Hasenfuß

161.
Die Buchstaben en

162.
C – Zeh

163.
Bruch

164.
Fliegen

165.
Fünf, zehn – fünfzehn

166.
Rot – roh

167.
Blasen

168.
Lampenschirm

169.
Senf

170.
Aufschneider

171.
Wind

172.
Alt

173.
Lachtaube –
L~~acht~~aube = Laube

174.
Immer – Schimmer

175.
Seife

176.
Bild 6 und 7 müssen ausgetauscht werden.

177.
Schlau, Meier – Schlaumeier

178.
Geist

179.
Schalttag (29. Februar)

180.
Naht – Nacht

181.
Fischer – Fisch~~er~~ = Fisch

182.
Nichts

183.
Ausgabe – Angabe – Aufgabe – Abgabe

184.
Spiegel

185.
Schimmel – Himmel

186.
Renner

187.
Malen – mahlen

188.
Ei

189.
Lustig – listig – lästig

190.
Geraten

191.
E-ich-e = Eiche

192.
Hosen + Träger = Hosenträger

193.
Einer – keiner

194.
Angel

195.
7 777 + 777 + 77 + 7 = 8 638

196.
Wenn er acht Hühneraugen bekommt.

197.
Affe – Amme – alle

198.
Heu, Pferd – Heupferd

199.
Wenn nach dem zweiten Tag 40 m^2 des Sees vom Eis bedeckt sind, so sind die 80 m^2 einen Tag später, also nach dem dritten Tag, zugefroren, denn innerhalb eines Tages verdoppelt sich die Eisfläche. Alle anderen Angaben sind für die Rechnung überflüssig.

200.
Niemandem wird es gelingen, einen Zeitungsbogen 20mal auf die Hälfte zu falten. Hätte der Bogen nur eine Stärke von $\frac{1}{10}$ mm – und Zeitungen sind im allgemeinen dicker –, so hätte man nach 20 Faltungen einen über hundert Meter hohen Papierberg (104,8576 m) vor sich – der sich natürlich weder zusammenfalten noch an den Ecken abschneiden läßt.

201.
Rauch

202.
Der Buchstabe r

203.
Sonnabend

204.
Finger, Hut – Fingerhut

205.
Schnee

206.
Brei – Bier

207.
Wasser – es trägt ganze Schiffe.

208.

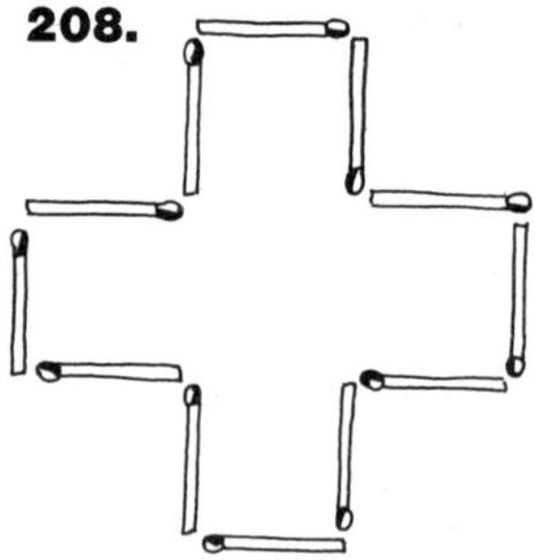

209.
Eisblumen

210.
Keller– Elle

211.
Stuhl

212.
Ziele – Zeile

213.
Lagen – Lügen

214.
Luft, Schloß Luftschloß

215.
Weihnachtsbaum

216.
Purpur

217.
Wismar – Weimar

218.
Listen

219.
Nudel – Pudel – Rudel

220.
Schatten

221.
Spargel – Spargeld

222.
Regen, Bogen – Regenbogen

223.
Bücher + Ei = Bücherei

224.
Leben – lieben

225.
Dach, Stuhl – Dachstuhl

226.
Kater

227.
Einsilbig

228.
Alle – Falle

229.
Drache – Rache

230.
Ohr, Feigen – Ohrfeigen

231.
Durch die Umlautpunkte wird aus Bar – Bär, Kate – Käte, Sage – Säge.

232.
Lage – egal

233.
Tauben

234.
Rätsel

235.
Beim Ausziehen der Handschuhe

236.
Wetter, Frosch – Wetterfrosch

237.
Heft

238.
Scheibe

239.
Rasen

240.
Moral – Morast

241.
Die erste Lösung ist leicht zu finden:

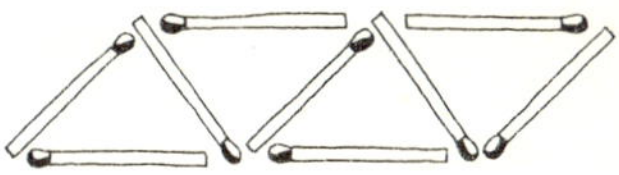

Aber es geht auch mit 6 Streichhölzern, allerdings muß man dazu eine Pyramide bauen:

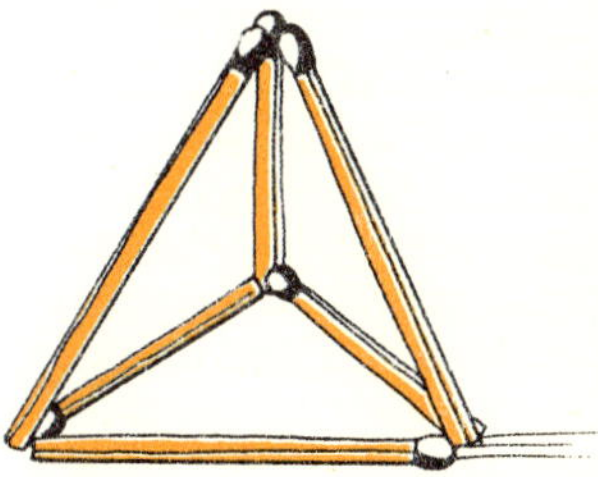

242.
Mutter

243.
Sonnenuhr; obwohl zu Zeiten der Entstehung dieses Rätsels an

eine Digitaluhr noch nicht zu denken war, wäre auch diese Antwort richtig.

244.
Schmetterling

245.
Oase – Vase – Nase – Hase

246.
Der Kaffee – er kann sich setzen, der Tee aber muß ziehen.

247.
Wahl – Wal

248.
Post – Pest

249.
Enkel – Nagel – Diener – Ebro – Gabel – Urne – Tafel – Amsel – Lampe – Leib – Eisenbahn – Silbe – Garn – Urban – Trug = Ende gut, alles gut.

250.
Luft

251.
Brauen

252.
Man kann unmöglich falsch ziehen. Bei dieser Scherzaufgabe wurde nicht etwa vergessen anzugeben, ob Weiß oder Schwarz matt gesetzt werden soll – jeder in dieser Stellung überhaupt mögliche Zug führt zu einem Matt.

253.
Regen – Reden – Reben

254.
Nacht – acht

255.
Schreiber – Schreier

256.
Fälle – Felle – Falle – Fülle

257.
Haushund – Schwurgericht – Beisteuer – Kleiderschrank – Freiwerber – Sterbetag – Hotelkoch = Hunger ist der beste Koch.

258.
Der Buchstabe s

259.
Pfau

260.
Flügel

261.
Eber – Erbe – Rebe

262.
4, 12; $4 + 12 = 2\,(12 - 4)$; $4 \cdot 12 = 3(4 + 12)$

263.
Mai, er hat nur 3 Buchstaben.

264.
Sieb

265.
7 Gänse und 13 Enten

266.
Schlamm – Lamm

267.
Traum

268.
Traube – Tauber

269.
Hand + Schuh = Handschuh

270.
Wetter

271.
Bach – Bache

272.
Mohr – Ohr

273.
Geister – gereist – Steiger

274.
Reiz

275.
Land, Wirt – Landwirt

276.
Mit „sie" waren zwei verschiedene Dinge gemeint: abwechselnd die Tauben, die die ausgesäten Erbsen aufpicken könnten, und die Erbsen selbst, die nicht mehr kommen können, wenn die Tauben vorher dagewesen sind.

277.
Bildhauer, Kupferstecher

278.
Sockel – Socken

279.
Kuckuck

280.
Siehe nebenstehendes Bild

281.
Wunde – Wunder

282.
Der Buchstabe f

283.
Wand – Aufwand – Einwand – Vorwand

284.
Hof – Huf

285.
Wind, Beutel – Windbeutel

286.
Kraut – Braut

287.
Ankunft – Abkunft – Auskunft

288.
Brennessel

289.
Füße

290.
Hast – Rast – (die) Mast – Last – (der) Mast – Gast

291.
Spaßvogel

292.
Keiner, die anderen sind weggeflogen.

293.
Schwanz – Schwan

294.
Viel, leicht – vielleicht

295.
Schrecken, Recken

296.
Damit sie die Eisbären nicht für Blaubeeren halten.

297.
Schein

298.
Aster – Tanne – Schuh – Eisen – Biene = Athen

299.
Knie – keine

300.
Winter

301.
Pfeife

302.
Weiß kann in einem Zug auf 47 verschiedene Arten matt setzen. Beim Nachzählen berücksichtige bitte die unterschiedlichen Möglichkeiten der Bauernumwandlung. Und natürlich zählt beim Abzugsschach auch jeder mögliche Zug der wegziehenden Figur extra.

303.
Loch – doch – Koch

304.
Taktik – ti(c)kta(c)k

305.
Seifenblase

306.
Sau-er-kraut = Sauerkraut

307.
Kette oder Sieb oder Netz

308.
Wasserhose – Blitzschlag – Hagel – Donner – Regen – Erdbeben = Schnee

309.
Und

310.
Blatt

311.
Pfade – fade – ade

312.
Seekrankheit

313.
Hamster

314.
Weinleser

315.
Eier – Leier – Schleier

316.
Wie

317.
Seil – Beil – Keil – Teil

318.
Bett

319.
Der Buchstabe f

320.
Uhr

321.
Taglicht – Talglicht

322.
Finger + Hut = Fingerhut

323.
Dr. Ei = drei

324.
Es waren nur drei Personen, nämlich Großvater, Vater und Sohn, weil der eine Vater als Sohn des Großvaters rechnet.

325.
Die Spieler sind Musiker, die sich damit ihr Geld verdienen.

326.
Mücke – Tücke

327.
Der Buchstabe r

328.
Kram – Mark

329.
Die Füße

330.
Matrosen

331.
Hagel – Regentropfen – trübe – Sonnenschein – veränderlich = April

332.
Die Zahl 16 muß in die Teilsummen 6, 2 und 8 zerlegt werden.

Dann ist $6 - 2 = 2 \cdot 2 = \frac{8}{2}$.

333.
Schuhsohle

334.
Pfau

335.
4, 8, 3 $(4 + 2 = 8 - 2 = 3 \cdot 2)$

336.
Vers, Tand – Verstand

337.
Stern – Stirn

338.
Hasen, Fuß – Hasenfuß

339.
Pfeile – Pfeiler

340.
Infolge einer optischen Täuschung kann man entweder 6 oder 7 Würfel zählen.

341.
Rathaus – Hausrat

342.
Knie – nie

343.
Wrack – Frack

344.
Gleis – Gneis – Greis

345.
Besen – Basen – Bösen

346.
Polstern (Polarstern) – polstern

347.
Zauber – Zuber

348.
Flügel

349.
Wurm am Angelhaken

350.
Blase – Salbe

351.
Flieder – Lieder

352.
Impfen – schimpfen

353.
Der Tor – das Tor – Thor

354.

P	R	A	G
R	A	B	E
A	B	E	R
G	E	R	A

355.
Der Buchstabe n

356.
Edam – Made

357.
Zickzack – Tricktrack – Schnick-schnack

358.
Sirene

359.
Blasen

360.
Fluß

361.
Knochen + Mark = Knochenmark

362.
Sonnen, Schein – Sonnenschein

363.
Löwen, Zahn – Löwenzahn

364.
Die fünf Finger

365.
Kinder, Schuhe – Kinderschuhe

366.
Paß – Spaß

367.
Rebe – Eber

368.
Samen

369.
Kuppe – Puppe – Suppe

370.
Pause – Pauke

371.
Tage, Dieb – Tagedieb

372.
Maulwurf

373.
Meer

374.
Sattel – Dattel

375.
Sänger – Säger

376.
Heiß = heiss – Eis

377.
Stamm, Gast – Stammgast

378.
Scheibe – Eibe

379.
Füllfederhalter

380.
In der Stellung finden sich 9 schwarze Bauern – einer mehr also, als überhaupt möglich ist. Es ist ganz gleich, welchen schwarzen Bauern man vom Feld nimmt, immer kann Weiß dann in einem Zug matt setzen.

381.
Schneckenhaus

382.
Gabel

383.
Schaf – Schlaf

384.
Ziege – Ziegel

385.
Woge – Wege – Wiege – Waage

386.
Schimmer – Schimmel

387.
Heulen – heilen

388.
Hahn – Kahn – Bahn – Wahn

389.
Öde – Ode

390.
Schlaf

391.
Wenn der Dumme einen besseren Hut trägt – eine „Behauptung".

392.
Verband – Verstand

393.
Nachtisch – Nachttisch

394.

395.
Fluß

396.
Dachs – Lachs – Sachs – Wachs

397.
Achtel – Wachtel – Schachtel

398.
Rügen

399.
Tag und Nacht

400.

7	5	9	3
3	9	5	7
5	7	3	9
9	3	7	5

401.
Zobel – Hobel

402.
Schild, Bürger – Schildbürger

403.
Wahn – wahr

404.
Fisch – Fischer

405.
Streichholz

406.
Gesicht – Gesicht = Gicht

407.
Gegen seinen Willen

408.
S + Bauer + Dampfer = Sauerampfer

409.
Ferse, Verse

410.
Ente – Ende

411.
Beresina – Mastkorb – Steinpilz – Ameise – Schwester – Webervogel – Damhirsch – Immergrün – Algen – Turmfalke – Flensburg = Es ist kein Meister vom Himmel gefallen.

412.
Fisch

413.
Falschgeld

414.
Mädchen

415.
Nacheinander

416.
Sicht – Aussicht – Einsicht – Vorsicht – Nachsicht – Absicht – Übersicht – Rücksicht – Ansicht

417.
Bach – Dach – Schach

418.
Acht

419.
10½ Jahre und ½ Jahr

420.
Hosenträger

421.

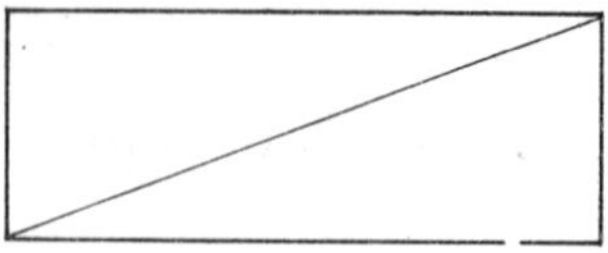

422.
Fersengeld

423.
Hase – Hose

424.
Hast – Rast – Bast – Last – Gast

425.
Leim

426.
3 3 3 3 3 3 3
5 5 5 5 5 5 5
8 8 8 8 8 8 8

427.
Allee – alle

428.
Die Sprichwörter, aus der Geheimschrift übersetzt, lauten:

a) Dieses war der erste Streich, doch der zweite folgt sogleich. (Busch)
b) Irren ist menschlich.
c) Eile mit Weile.
d) Es irrt der Mensch, solang' er strebt. (Goethe)
e) Ich weiß, daß ich nichts weiß. (Sokrates)

429.
Grimm

430.
Hahn – Huhn

431.
Buch

432.
Ebbe

433.
Waise – die Weise – der Weise

434.
Leiter

435.
Naß – Faß – Haß –Paß – Baß

436.
Sonnen unter g an g = Sonnenuntergang

437.
Tochter

438.
Flasche

439.
Gericht

440.
Apfel

441.
Schnee, Glöckchen – Schneeglöckchen

442.
Dreieckig – dre~~i~~eckig = dreckig

443.
Lache – Lachen

444.
Elf, Elfe

445.

446.
Wind

447.
Gast – Ast

448.
Galgenvogel, Pechvogel, Spaßvogel

449.
Kugel – Kegel

450.
Eine Reise mit dem Finger auf der Landkarte.

451.
Uhrzeiger

452.
Füllen

453.

1	3	5	7	2	4	6
7	2	4	6	1	3	5
6	1	3	5	7	2	4
5	7	2	4	6	1	3
4	6	1	3	5	7	2
3	5	7	2	4	6	1
2	4	6	1	3	5	7

454.
Null

455.
Reif

456.
Hut

457.
Die Aufgabe ist nur in zwei Zügen zu lösen:
1. g2 – g4   e7 – e5
2. f2 – f3   Dd8 – h4 matt.

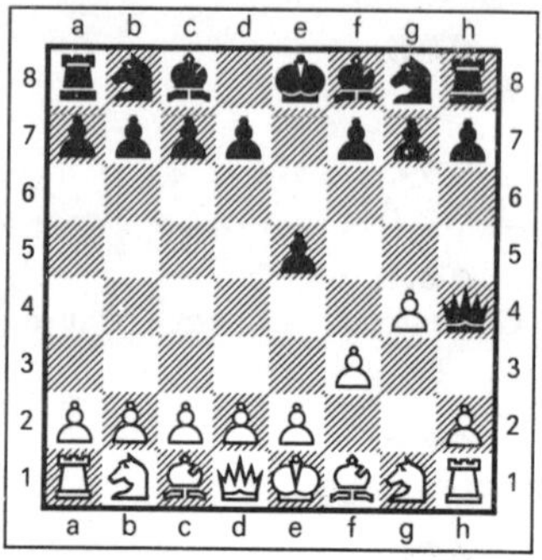

458.
Buch

459.
Der Hase holt den Igel schon nach einer halben Runde ein. Da eine Stadienrunde 400 Meter lang ist, steht der Hase bei einer Vorgabe von 500 Metern nur 100 Meter hinter dem Igel und holt ihn nach 200 Metern ein. Daß der Igel dann noch eine Runde Vorsprung hat, spielt bei der Frage keine Rolle.

460.
Kegel – Kugel

461.
Orkan – Koran

462.
Uhr

463.
Faden – Fade~~n~~ = ade

464.
Falsch

465.
168 Eier waren im Korb.

466.
Der Buchstabe a

467.

34	·	4	=	136
+		+		–
36	·	2	=	72
70	–	6	=	64

468.
Schatz – Schutz

469.
Rücken

470.
Traube – Raub

471.
Wache – Woche

472.
Hahn

473.
Der Buchstabe r

474.
Der Handwerksgeselle hatte vor dem Handel 31 Pfennige in der Tasche.

475.
Feuer

476.
An-der-sen, Andersen

477.
Leben – Nebel

478.
Da Katzen keine Füße, sondern Pfoten haben, waren nur die zwei Füße des Müllers in der Mühle.

479.
Kirsche

480.
Fußsohlen

481.
Mund

482.
Hand, Korb – Handkorb

483.
Säge

484.
Schar, ade – Scharade

485.
Erde

486.
Der Bauer steckte das Feld nicht so ab, daß die Pflöcke die Eckpunkte des Quadrats bilden:

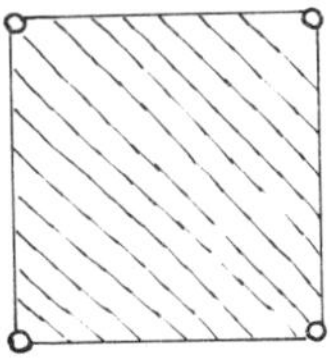

sondern so:

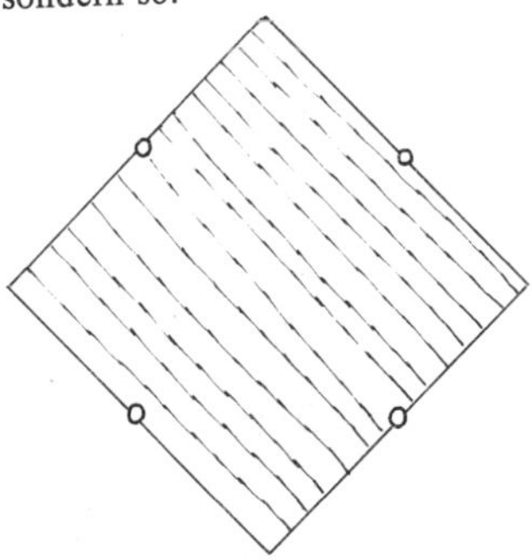

487.
Der junge Esel, denn er ist der kleinste, und die beiden anderen sind somit die größeren Esel.

488.
Schere

489.
Geier – Geiger

490.
Leber – leer

491.
Ebbe – Egge – Esche – Ecke – Esse – Elle

492.
Espe – Wespe

493.
Rubel – Jubel – Trubel

494.
Igel

495.
Zwiebel

496.
Hagebutte

497.
Drossel – Rosse – Rose

498.
Nagel

499.

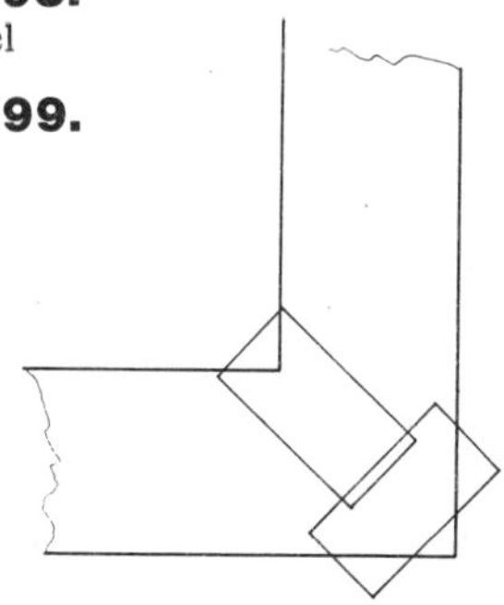

500.
Puppe

501.
Luft, Schloß – Luftschloß

502.
Trauer, Mantel – Trauermantel

503.

			E			
		E	L	F		
	L	I	E	B	E	
E	L	E	F	A	N	T
	S	T	A	L	L	
		U	N	D		
			T			

504.
Wolle – Wille – Welle

505.
Heute

506.
A, Horn – Ahorn

507.
Fassung

508.
Zeit

509.

B	E	R	G
E	M	I	L
R	I	G	A
G	L	A	S

510.
Schuhmacher

511.
Zwischen mir und dir und mein und dein ist ein großes R unter Schied = Es ist ein großer Unterschied zwischen mir und dir und mein und dein.

512.
Sand, Bank – Sandbank

513.
Stollen

514.
Messing – ~~M~~essi~~n~~g = Essig

515.

1 PIR	2 NA
3 DEL	4 TA

Pirna, Nana, Nadel, Delta, Tapir, Tadel

516.
Jammer – Oder – Seine – Eid – Post – Hecht – Herbst – Auster – Yacht – Dose – Nase = Joseph Haydn

517.
Am 7. Tag, denn am Abend des 6. Tages ist die Schnecke bis in eine Höhe von 270 cm gelangt, rutscht in der Nacht wieder bis auf 240 cm zurück und schafft am 7. Tag bequem die restlichen 60 cm. Daß sie danach wieder zurückrutscht, spielt keine Rolle.

518.

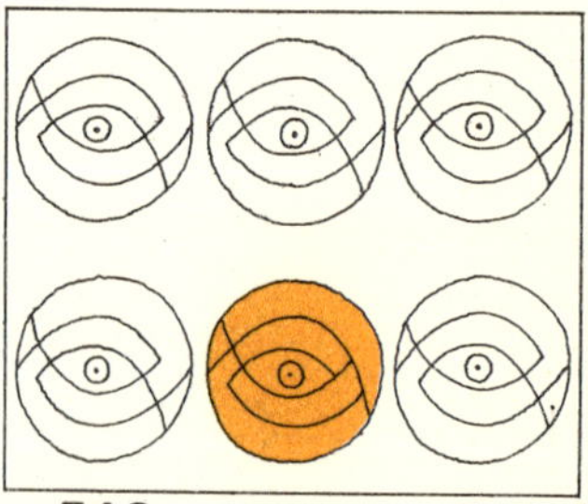

519.
Man kann rückwärts rechnen. Wenn das Haus nach 12 Stunden ganz voll ist, so muß es eine Stunde vorher, also nach 11 Stunden, halbvoll gewesen sein, da sich die Breimenge in einer Stunde verdoppelt.

520.
Honig – Ei – Zimt – Beere – Zucker – Safran – Brot = Himbeersaft

521.
Der Buchstabe i

522.
Wörterbuch

523.
Di~~va~~ – E~~id~~ – D~~ra~~u – ~~Ge~~mmen – We~~ib~~ – ~~No~~rden – Ni~~xe~~ – ~~Do~~cht – ~~Sa~~al – ~~El~~le = Die Dummen werden nicht alle.

524.
Heim – Keim – Leim – Reim

525.
Nun

526.
K auf S um E = Kaufsum(m)e

527.
Echo

528.
Schnepfen – Schnupfen

529.
Strumpf – Trumpf – Rumpf – Stumpf – Sumpf

530.
Amerika – Erika

531.
Augen

532.
Rinde

533.
Ahn – Hahn

534.
Ge-du-ld = Geduld

535.
Käse mit Löchern

536.
Storch

537.
Elle

538.
Da die Frau des Mannes Nacht und Morgen im Haus verbracht hatte, war sie nicht, wie die beiden anderen Blumen, mit Tau bedeckt. Was übrigens aus dem bösen, alten Zauberer wurde, berichtet das Märchen nicht. So ist es gut möglich, daß er immer noch durch die Lande zieht, um das Glück der Menschen durch hinterlistige Streiche zu zerstören. Wie du aber siehst, kann man ihm mit Überlegung und Verstand das Handwerk legen. Und gegen dich hat der Alte sowieso keine Chance mehr: Denn nun weißt du ja, wie man alle Rätsel lösen kann. Oder fast alle.

Verzeichnis der Rätselarten

Sachrätsel (ohne Hinweise zur Wortschreibung)

6, 9, 16, 19, 20, 22, 23, 27, 35, 36, 37, 49, 51, 66, 89, 91, 92, 100, 101, 113, 115, 116, 119, 121, 125, 131, 132, 138, 150, 151, 168, 175, 179, 184, 201, 205, 209, 211, 215, 220, 234, 243, 244, 250, 259, 264, 267, 270, 279, 305, 313, 318, 320, 329, 333, 364, 368, 372, 373, 379, 381, 390, 395, 399, 431, 438, 446, 451, 454, 458, 479, 481, 483, 485, 488, 494, 496, 505, 508, 536

RECHENRÄTSEL UND DENKSPORTAUFGABEN

10, 21, 29, 33, 34, 42, 54, 55, 59, 67, 70, 84, 110, 129, 135, 137, 141, 158, 165, 195, 199, 200, 208, 241, 262, 265, 324, 332, 335, 419, 421, 428, 445, 457, 459, 465, 467, 474, 486, 499, 517, 538

BILDERRÄTSEL UND REBUSSE

15, 25, 43, 64, 75, 99, 122, 136, 147, 176, 192, 223, 269, 280, 322, 340, 361, 394, 408, 436, 511, 518, 519, 526

SCHERZRÄTSEL

3, 4, 7, 26, 31, 32, 38, 40, 44, 47, 52, 53, 79, 85, 86, 87, 88, 90, 95, 96, 102, 103, 104, 117, 118, 120, 130, 157, 160, 161, 162, 170, 171, 172, 182, 188, 196, 202, 203, 207, 226, 227, 233, 235, 242, 246, 252, 263, 276, 277, 282, 288, 289, 291, 292, 296, 300, 302, 306, 307, 309, 312, 314, 316, 319, 323, 325, 327, 330, 334, 349, 355, 360, 380, 391, 405, 407, 412, 413, 414, 415, 422, 437, 450, 462, 464, 472, 473, 475, 478, 480, 487, 495, 498, 510, 522, 527, 531, 532, 535

Inhaltsverzeichnis